世界一やさしい 統計学の教科書1年生

飯尾 淳

JN111570

ソーテック社

ご利用前に必ずお読みください

本書に掲載されている説明を運用して得られた結果について、筆者および株式会社ソーテック社は一切責任を負いません。個人の責任の範囲内にて実行してください。

本書の内容によって生じた損害および本書の内容に基づく運用の結果生じた損害について、筆者および株式会社ソーテック社は一切責任を負いませんので、あらかじめご了承ください。

本書の制作にあたり正確な記述に努めていますが、内容に誤りや不正確な記述がある場合も、筆者および株式会社ソーテック社は一切責任を負いません。

本書の内容は執筆時点においての情報であり、予告なく内容が変更されることがあります。また、環境によっては本書どおりに動作および実施できない場合がありますので、ご了承ください。

Cover Design & Illustration…Yutaka Uetake

はじめに

データ・サイエンスや機械学習など、高度な数学を使いこなして社会を分析したり、社会に役立つサービスを提供したりといった技術が注目を浴びています。多くの場合、これらの技術は統計学の概念に裏打ちされた応用技術が活用されています。何年か前には「統計学が最強の学問である」という刺激的なタイトルの書籍も発売され、ビジネス書大賞を受賞するなどの注目を浴びるという出来事もありました。

それらの流行を察知してか知らずか、統計学の授業は学生からも人気があります。筆者が勤めている中央大学国際情報学部は、２０１９年に設立された新しい学部で、文理融合型、学際的な情報学部を標榜しており、ＩＴ（情報技術）とＬａｗ（情報関連法）を学ぶ、国内外にも他にあまり例を見ない学部です。ちなみに、ＩＴとＬａｗを学ぶことから、ｉＴＬ（アイ・ティ・エル）という愛称で呼ばれています。学部の愛称はともかくとして、文理融合・学際性を持つ学部なので、高校ではあまり数学をしっかり学んでこなかったとか、数学は苦手だという学生もわりと多く入学してきます。そのような学生たちであっても、統計学を受講したいという希望が多く、選択科目ながら、比較的多めの受講生が統計学を学んでいます。

ただし、大学の講義なので、いくら文系の学生でも理解できるようにやさしく解説していると いっても、ある程度は数学に親しんでいなければなりません。数式の羅列に打ちのめされてしま う受講生もいるようです。これればかりは、慣れてもらうしかないところなのですが。

本書は、そのような学生でも統計学嫌いにならないように、なるべくやさしく、統計学の基礎 について解説を試みました。本書でも、やむなく数式を用いて説明しているところは出てきます。 しかし、可能な限り平易に説明しているので、まったく歯が立たないなどということはないので はないでしょうか。

また、複雑な数式をいたずらにこねくり回すのではなく、表計算ソフトや統計処理パッケージ を使って、複雑な計算はコンピュータに任せてしまえという方針で進めています。イマドキのや り方で、統計学を楽しく学んでいきましょう。

飯尾 淳

目次

2時限目 統計とデータ

3時限目　データの散らばり（分布と分散）

4時限目 データの出自は？（標本と母集団、推定）

5時限目 全体の傾向を知る（回帰分析と相関）

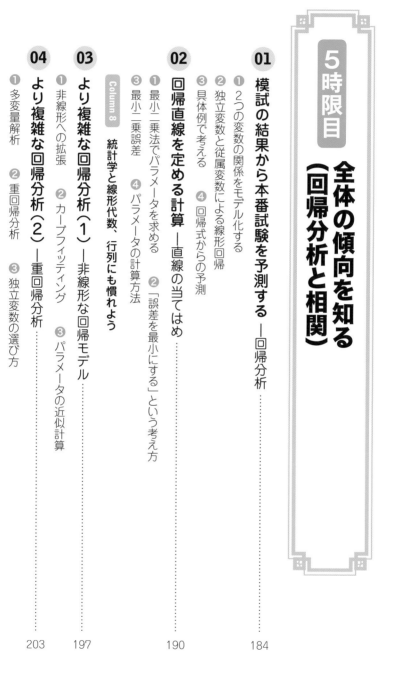

6時限目 その判断は正しいか(検定)

1時限目

統計ってなんだろう

さまざまな現象を数字で捉えて分析する統計学。世の中を適切に理解できるようになります。

01 数字に騙されないために
―統計学は「現象」を説明するための素晴らしい道具である

日頃、**「数学なんて役にたたない」**と思っている皆さんはいませんか？

あるいは、子どもの頃に数学は苦手だと敬遠してきた方もいることでしょう。しかし、統計学は数学のなかでも生活に密着した学問です。統計学を身につけることによって、皆さんの生活は、より豊かになるかもしれません。

1 給料の平均値が高くても、社員の給料がいいとは限らない（❶平均値の罠）

あなたが就職活動をしているとしましょう。A社とB社からそれぞれ内定をもらいました。仕事の内容や世間の評判はどちらも似たりよったりの2社で、どちらを選べばよいか悩んでいるというシチュエーションを考えてみます。

最後の決め手として、待遇面を比較することにしました。A社社員の平均年収は、B社社員のそれをかなり上回っています。しかし、実はA社幹部の給料はとてつもなく高額で、一般社員の給料はそれほど高くもないという状況でした。そのため、**平均値**を計算すると、見かけ上、とても高い数値となるのでした。

一方のB社はホワイト企業で、一般社員の給与水準も決して低くありません。しかし、幹部社員の給料もそれほど高くないため、全員の給与を平均すると、どうしてもA社を下回る数値になってしまいます。

この場合、とりあえずの給与水準を考慮するとB社を選ぶべきですが、**給料の平均値だけで判断すると、間違った選択をしてしまう**ことになるでしょう。

● A社とB社の平均給与（平均値の罠）

A社の給与

	年収（万円）
社員1	220
社員2	260
社員3	300
社員4	320
社員5	330
社員6	340
社員7	390
社員8	410
社員9	1500
社員10	2000
A社平均	607

B社の給与

	年収（万円）
社員1	400
社員2	410
社員3	460
社員4	500
社員5	550
社員6	580
社員7	600
社員8	640
社員9	720
社員10	800
B社平均	566

2

相関係数ではわからない関係性（❷相関係数の罠）

２つのデータの散らばり具合や関係性を判断する1つの指標として、しばしば「**相関係数**」と呼ばれる数値が使われます。この相関係数は-1.0から+1.0までの値をとり、-1.0に近い場合は「強い負の相関」、そして1.0に近い場合は「強い正の相関」があるといいます。

簡単にいうと、「**+1.0に近づけば近づくほど、2つのデータには強い関係性がある**」と考えられ、また「**-1.0に近づけば近づくほど、2つのデータの間には相反する性質がある**」と考えることができます。

たとえば学校の成績を考えてみましょう。国語の試験と英語の試験、それぞれの成績にはどんな関係があるでしょうか。一般的には「できる子はどちらも高得点」「できない子はどちらもあまり点が取れない」という傾向がみられるのではないでしょうか。

あるいは、身長と体重の関係はどうでしょうか。背の高い子はそれなりに体重も重く、背の低い子は体重も軽い値をとるでしょう。このように、身長と体重にも正の相関関係を見出すことができます。

しかし、相関係数だけではわからない関係性もあります。相関係数が0.0のとき、それは２つのデータにほぼ関係はないだろうということが推察されます。

● 正の相関関係がある例

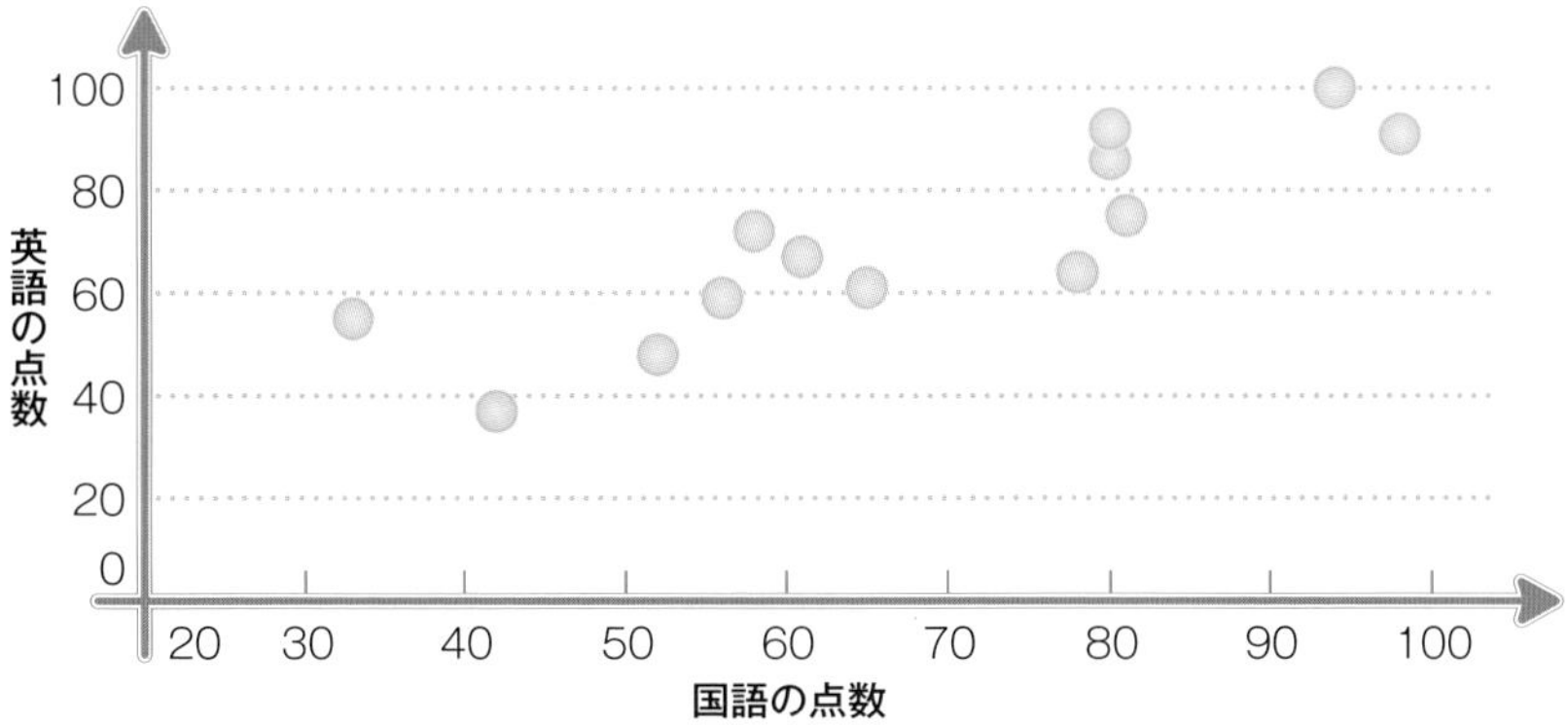

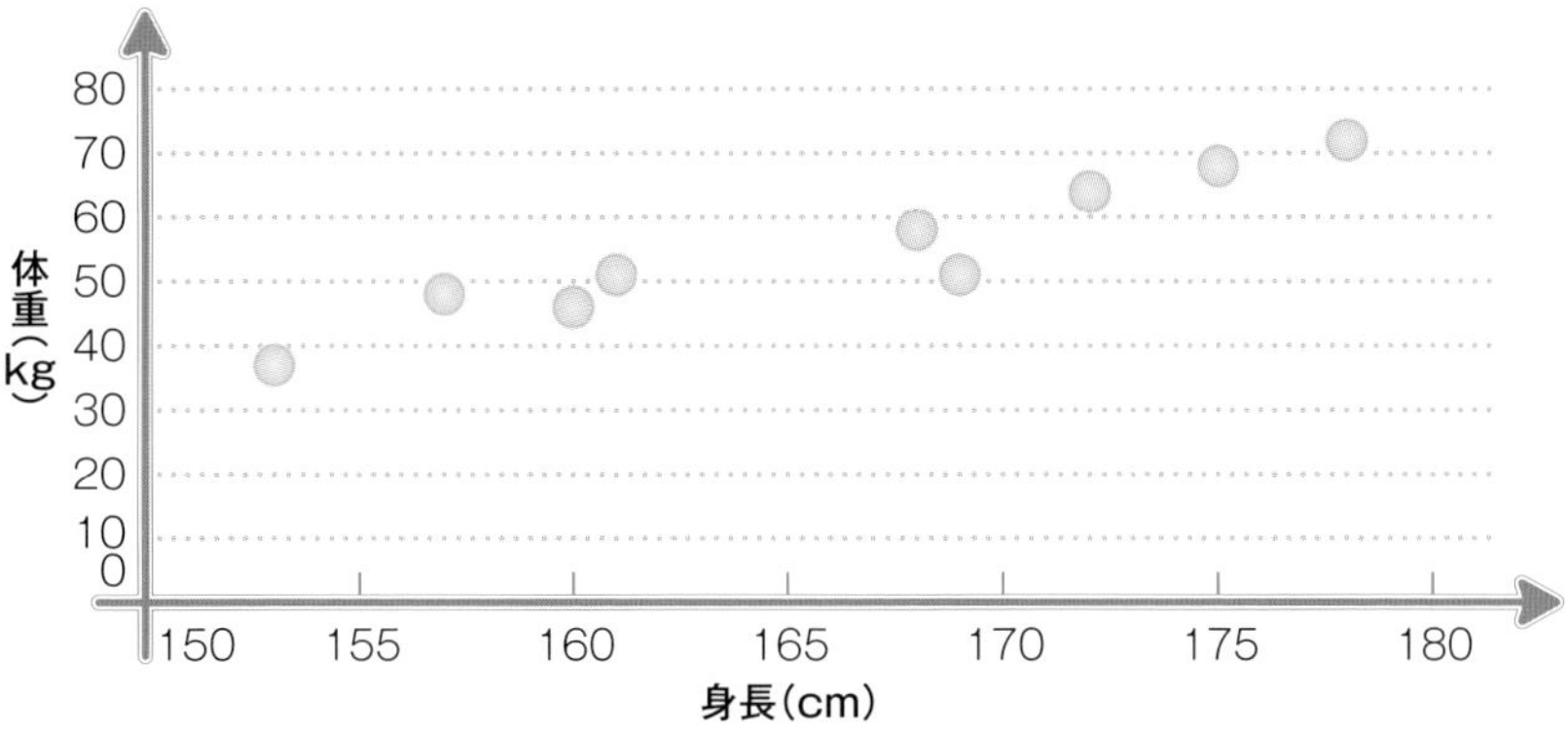

● 相関係数からはわからない関係性

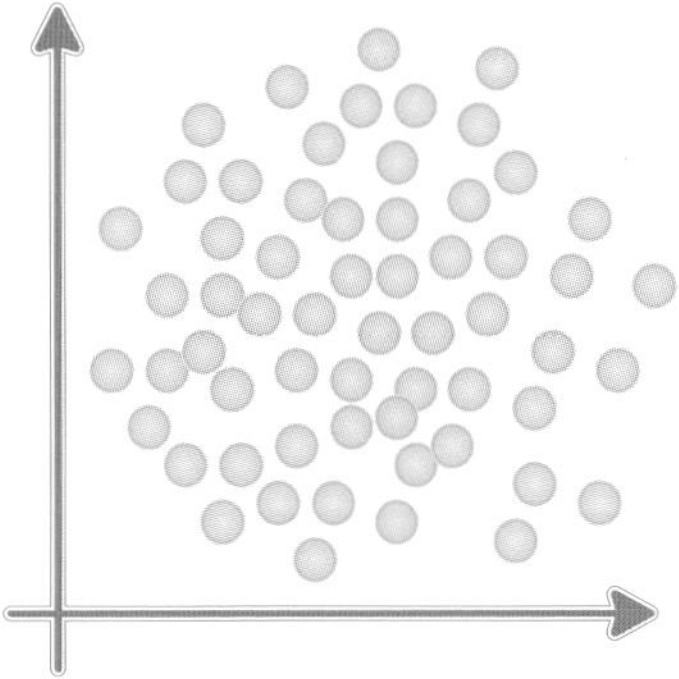

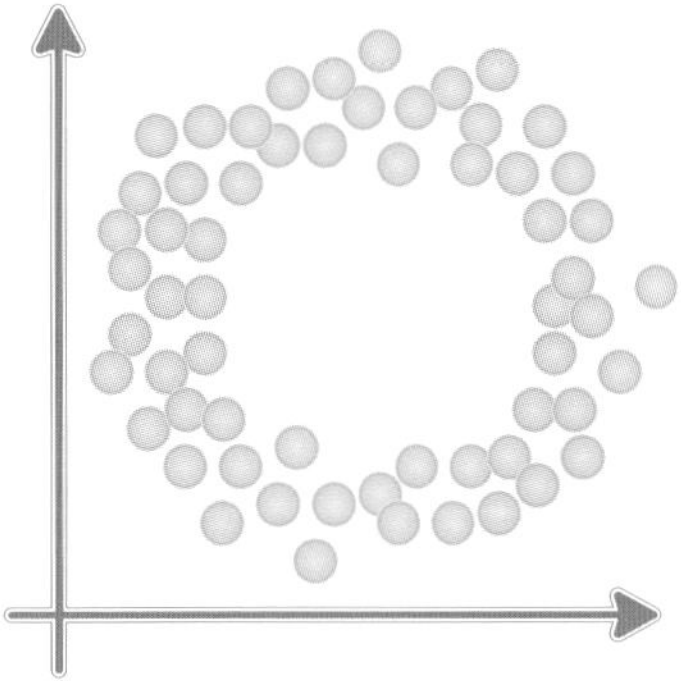

前ページ下の左図のように、ばらばらに散らばっているようなデータに関して相関係数を計算すると、その結果は0に近い値になります。ただし、前ページ下の右図のようなデータについて同じく相関係数を計算すると、やはりその結果は0に近い数字になるでしょう。この例では、明らかにデータが円状に並んでおり、何らかの関係性はありそうです。しかし、相関係数からそれを判断することはできません。

3 「統計にだまされない」ために統計を知る

ダレル・ハフ氏による「統計で嘘をつく法―数式を使わない統計学入門」（ブルーバックス、1968年）という有名な本があります。統計学を悪用すると、人をだますことも簡単にできてしまいます。

前ページ下図の右の例で、円状に並んだデータには何らかの法則性があるはずですが、相関係数は0です。「一般的に相関係数が0の場合は関係性がないとされるため、この2つのデータに関係はありません」という説明をする者が現れるかもしれません。しかし、例えば工場の環境汚染と周囲の住民を対象とした病気の発生率などは複雑な関係性を示すため、このような相関がないようなデータに見えることがあるかもしれません。しかし、それだけをもって関係ないと断定するのは虚偽の説明であることがわかります。

統計を使った間違った説明を受けてだまされないようにするには、我々も統計学の基礎知識を身につけておくことが大切です。

4 統計の道具を使いこなせるように

ある考え方が数学的に正しいのかどうかを実際のデータから判断するのも、統計学の重要な役割です。本書でも説明する**仮説検定**という道具を使います。

現在はコンピュータの性能が格段に向上し、さまざまな統計のツールを簡単に使いこなせる時代になりました。本書では、実際に「**R**」というソフトウェアを使いながら、さまざまなデータを対象として統計学の基礎を学びます。手元にパソコンを用意して、手を動かしながら統計の考え方を1つ1つ学んでいくようにしましょう。

ここがポイント

- 平均値の罠や相関係数の罠など、統計学を知らないと数字を間違えて捉える恐れがある
- 仮説検定で考えが正しいかを測る

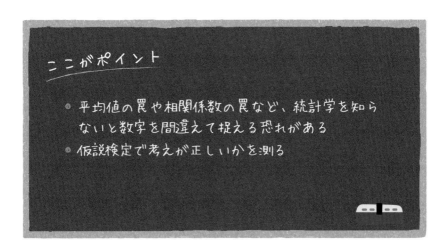

02

「日本人は何人いる？」をどうやって調べるか
――統計で社会を測る

1 統計で把握できること

社会で起きている現象を客観的に説明するためには、数字を使って定量的に状況を示すことがいちばんです。そのためには、その数字が**信頼に足るデータ**でなければなりません。

では、信頼に足るデータとはどのようなものでしょうか。また、それらの数字から読み取ることができる情報には何があるでしょうか。統計学は、その方法を教えてくれます。辞書的に言えば、統計とは「ある集団の個々の分布を調べて、その集団の傾向や特性を数量的に明らかにすること」です。統計学に基づいて数字を分析することで、社会をよりよいものにしていくことができるのです。

2 日本と世界の人口を把握するには

日本の人口はいま何人いるでしょうか？　1億2千万人強というところですね。では世界の人口はいま何人でしょう？　筆者が子どもの頃は50億人と習ったような記憶があります。いまはもう70億人を超えているようです。

日本や世界の人口は、どのようにして計測しているのでしょうか。日本では、5年おきに**国勢調査**という全数調査を実施しています。国勢調査では、人口だけでなく、性別、年齢、配偶者の有無、世帯構成や就業状況など、さまざまな情報を調べています。

世界の人口も、各国が実施している類似の調査結果を積み重ねて推計しています。それぞれの国で行われている国勢調査の結果を全世界から集めてくれれば、全世界の人口を把握することができるという論法ですね。

3 国勢調査で正しい数値を数えることができるか

ところで、これらの調査で得られた数字は「正確なもの」でしょうか？

日本の出生数（1年間に生まれた子どもの数）は、2018年6月に厚生労働省が発表した2017年の数値をみると、94万6060人だそうです。この数は、一桁まで信用してよいことにしましょう。厳密にいえば役所に届け出がなかったケースは数えられないので、２０１７年に生まれた赤ちゃんの数と完全に一致するとはいえないかもしれませんが、日本人として登録された赤ちゃんがそれだけいたということです。

皆さん、1年は何秒間なのかご存知ですか。うるう年ではなく、うるう秒もない場合、1年３６５日、24時間、1時間は３６００秒なので、３６５×24×３６００で求められます。計算すると３１５３万６０００秒です。これを、先ほどの出生数で割ってみましょう。３１５３万６０００÷94万６０６０＝33・３３…(秒／人)、つまり、約33秒に一人のペースで、赤ちゃんが生まれているという計算になります。

生まれてくる日本人だけでなく、亡くなる日本人も同様に考えてみます。具体的な計算はしませんが、何十秒間かに一人の間隔で、お亡くなりになっている日本人がいるということは、先の議論と同様の考え方で容易に推定できるでしょう。

さて、このような状況で、いま、この瞬間に「**日本人は何人いる**」と正確に答えることができるでしょうか？　この問いには、もはや「神のみぞ知る」と答えるしかありません。

日本だけの話ではありません。先進国の日本ですらこの状況なので、未開の奥地を抱えている国や、紛争地帯にある国など、国勢調査ですら客観的な数値が得られているかどうか疑問が残るケースもあります。ましてや、国境が定まらないようなエリアも世界には多数存在します。そのようなところで暮らしている人々の正確な数など、数えられるでしょうか。

● 対象が大きいと、正確な数値を把握することは困難になる

4 統計で「だいたいの客観的な数字」を得られる

これらのデータに関して、統計学は、厳密に正確な値を教えてくれるわけではありません。しかし、統計学を使うと**「だいたいの客観的な数字」**を得ることができます。「だいたいの」「客観的な」とは矛盾した表現ではないかと訝《いぶか》しく思う人もいるでしょう。でも、これでいいのです。

そもそも、人口統計を考えるときに、1~2人単位の正確な人数を知る必要があるでしょうか。個別の事情を考えるときには正確な数字が必要です。税金の控除額を計算するときに、扶養している家族が1人なのか2人なのかは大きな問題です。あるいは、スポーツのチームを登録するようなとき、人数を数え間違えて規定の人数よりも1人多く登録してしまうと大問題です。

では、大学の入学試験を考えてみましょう。入試の結果は水ものです。合否のボーダーラインとなる点数を決めるのは、慎重に行わなければならず、とても気を遣う作業です。辞退者が出ることも考えて定員よりも多めになるように合格点を定めますが、その後の状況によって、数人の誤差が出てしまうのを防ぐことはできません。毎年、入試担当の先生がたは胃が痛くなるような作業をしています。

このように、扱う集団が大きくなればなるほど、正確な人数を計算することは困難になります。しかし、ズレが多少であれば、問題はほぼありません（大きく狂ってしまうと問題になります）。「だいたいでOK」というのは、このような状況を指して表現したものです。国勢調査の規模であれば、もう、ざっくりとわかればOKというレベルです。

5 統計と社会の分析

これらのケースに関して、統計学ではどこまでざっくりでよいかの指針を与えます。そして、それに従っていれば、ほぼ問題はないのです。統計学を用いれば、ざっくりしたデータであっても、それを客観的に考えてよいというお墨付きが与えられるのです。なぜなら、統計で明らかになるのは、その集団の性質や傾向だからです。例えば、クラスのテストの平均点を求めたりするのは、そのクラスの学習進度や理解度の傾向を把握するためです。

家庭や村といった小さな単位を除き、人間の社会は、多数の人間による活動として成立しています。このような社会の現象を分析するには、統計という道具を使うのが適していいます。そしてそれは実はざっくりしたものなのだという感覚を持ってさえいれば、恐れることはありません。

ここがポイント

- 国の人口のような規模では、正確な数量を量ることは極めて難しい
- 統計学を用いれば、だいたいの客観的な数字が求められる

03 データサイエンスと人工知能でも活躍
――大量データを分析できる統計学のスキル

最近は猫も杓子も**人工知能**（**AI**）という感じで、人工知能にたいへんな注目が集まっています。現在の人工知能は、**機械学習**と呼ばれる統計学に基づく考え方で実現されているやり方が主流です。

その他にも、データを統計的に操るスキルを持つ**データサイエンティスト**を早急に育成しなければという機運も高まってきています。実際に、大量のデータを対象にして統計的な知見に基づいた新しいサービスが次から次へと現れています。

1 ビッグデータとデータサイエンティスト

ここ数年来、**ビッグデータ**という言葉はすでに市民権を得たのではないでしょうか。ビッグデータの特徴として「**3つのV**」と呼ばれるものがあります。大量（**Volume**）かつ多様（**Variety**）なデータを、迅速（**Velocity**）に処理して何かの判断をするとか新しいサービスを提供するといっ

● ビッグデータの3要素（Volume, Variety, Velocity）

Volume

ボリューム

大量のデータを扱います。
まさにビッグなデータです。

Variety

バラエティ

多様なデータを扱います。
数値データ以外にもさまざまな形のデータを対象にします。

Velocity

ベロシティ（速度）

スピードが命です。
リアルタイムに反応して分析・活用します。

た処理のことを、**ビッグデータ**といいます（前ページの下）。

例えば、**消費者の行動データを分析する**といったことは、代表的なビッグデータ分析といえるでしょう。ポイントカードの普及や携帯電話の利用状況などにより、いまや日本全国の消費者を対象に購買行動を分析することは簡単にできるようになっています。大量の消費者を対象にして、消費者の購買データ、移動データ、行動データといった多様なデータを分析し、瞬時に次のビジネスに活用する、そんなビッグデータ処理がさまざまなシーンで行われています。

そのような処理を実現できる人材を**データサイエンティスト**と呼びます。しかし、現在、データサイエンティストは人材不足といわれています。

データサイエンティストには統計学のスキルが必要

データサイエンティストには、大量データを分析できる統計学のスキル、その大量データを処理するシステムを実装できる計算機科学やソフトウェア工学のスキル、そしてそれをビジネスに活用できるコンサルタントとしてのスキルやビジネスセンスなどが求められます。まさにスーパーパーソンですね。人材不足なのもさもありなんと思われます。

本書を読めば統計学の基礎知識は学ぶことができるので、データサイエンティストになる足がかりにはなるかもしれません。

2 統計処理と個人情報保護

このようなビッグデータ処理ができるようになった背景には、コンピュータの処理能力がたいへん向上したという事実があります。多種多様なデータをセンサーで取得できるようになったこと、それらのデータをコンピュータ・ネットワークを介して集約できるようになったこと、大量のデータをデータベースで保管し、瞬時に処理できるように計算能力が向上したことなど、そのようなさまざまな技術の進歩によって、ビッグデータ処理が可能になりました。

ところで、ここで問題になるのが消費者のプライバシー保護です。**個人情報保護**と言い換えてもよいでしょう。前節で解説したように、通常は大量データの個々のデータをほじくり返すことは行いません。ざっくりと、統計的に処理をして、その傾向から何らかの知見を得るという処理が主流です。

ビッグデータを扱ううえで気持ち悪さが多少残るのは、「やろうと思えば個人情報をほじくることもできる（かもしれない）」せいでしょうか。コンピュータの処理能力をもってすれば、そのようなことは造作もないことです。しかし、通常は「約束として」そのようなことはしません。

気になる人は、サービス提供者が明らかにしている**プライバシーポリシー**をきちんと読みましょう。そして少しでも懸念が残れば、そのサービスを利用しないという選択をすべきです。**通常は統計的な処理から個人情報が脅かされることはない**ということは、知っていて損はないでしょう。

3 データに基づく人工知能

かつての人工知能を支えていた考え方は、人間が「ルール」を与えて、そのルールに基づいて何らかの判断をくだすというものでした。**エキスパートシステム**と呼ばれる「専門家ならこう考えるだろう」というルールを集めたタイプの人工知能が利用されていたこともありました。

それに対して、最近の人工知能は**統計学をベース**に考えられているものが主流です。現在、人工知能の主流となっている「**機械学習**」は、統計学の考え方に基づいて作られています（次ページの図）。

機械学習では、人間は最初に、学習の枠組みだけをコンピュータに与えます。その枠組みに対して大量のデータ（**学習データ**）を流し込むと、状況に応じて適切な解を出力するようなチューニングが行われるというタイプの人工知能です。このチューニングのことを、機械（コンピュータ）が「学習する」と言っています。

もちろん、機械学習をきちんと学ぶためには統計学以外にもいくつかの基本的な数学を学ぶ必要はありますが、このようなタイプの人工知能を理解するためには、統計学の知識を身につけていないと正しく理解することは難しいでしょう。

● **論理学に基づく人工知能と統計学に基づく人工知能の違い**

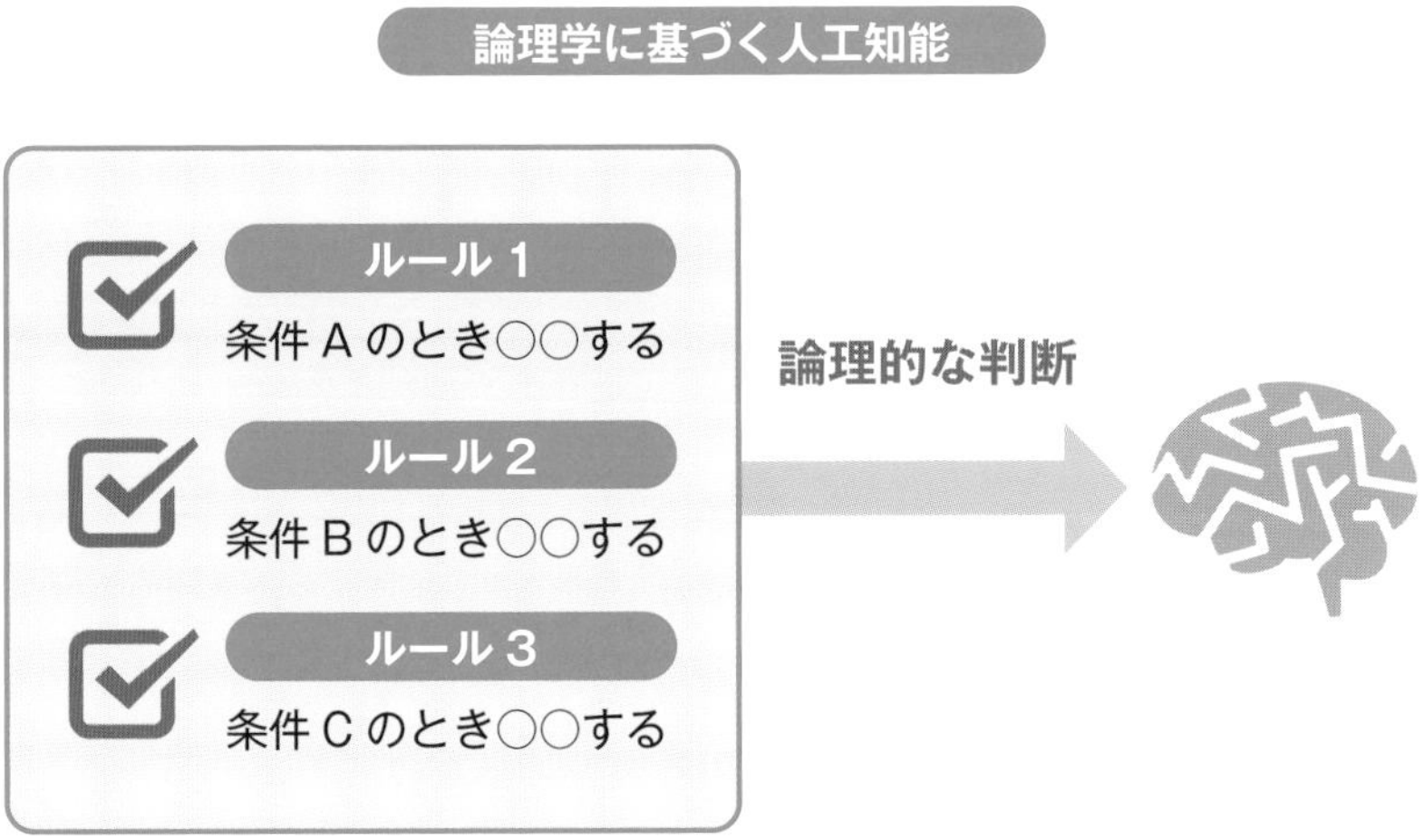

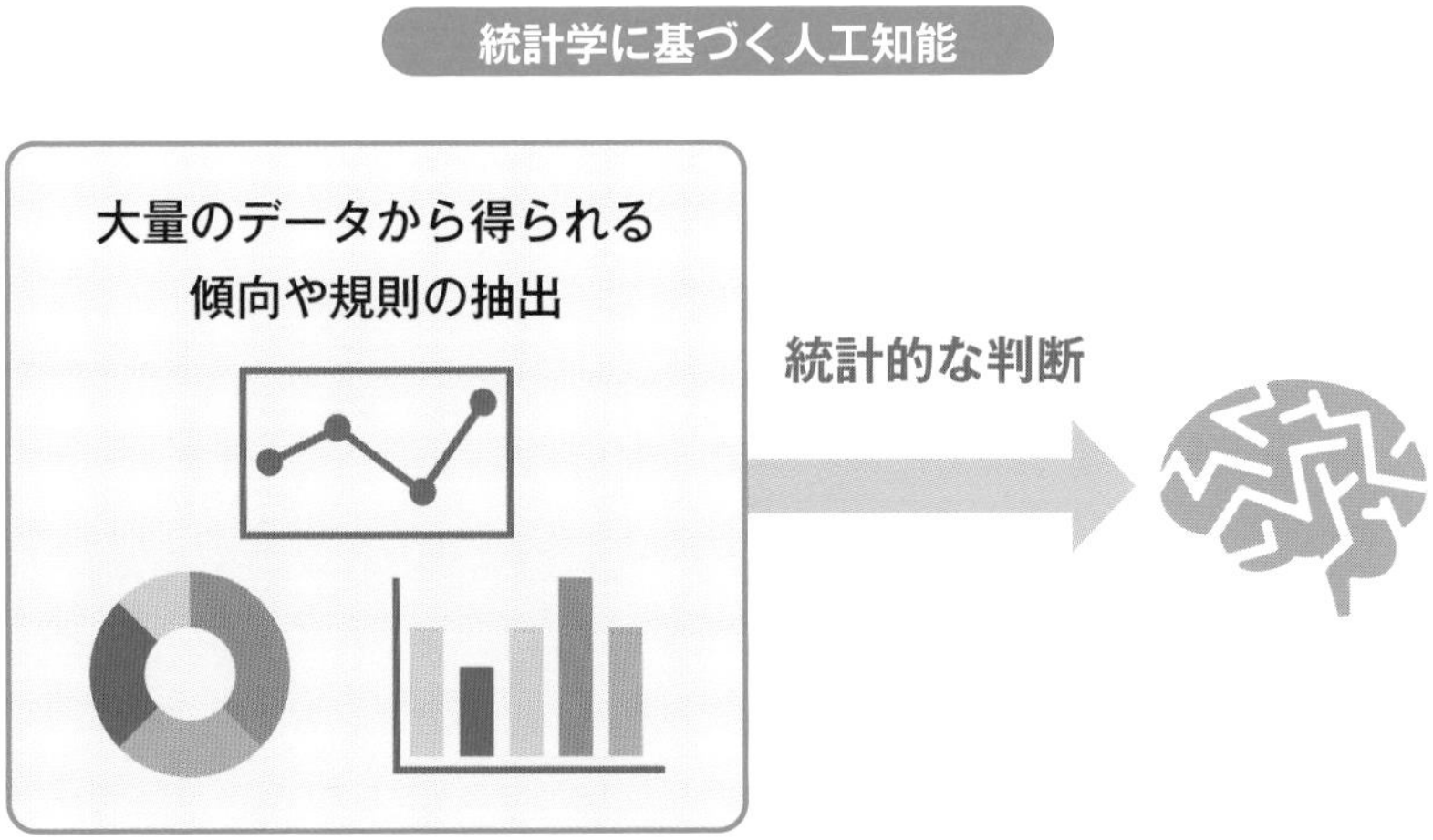

4 オープンデータの活用

「**MNISTの手書き文字認識データ**」というデータ・セット（データの集まり）がインターネット上で公開されています。これは「機械学習分野の**Hello World**」と呼ぶ人もいるようで、機械学習を学ぼうとする人々が比較的初期に手にして学習を進めるデータ・セットです。似たようなデータセットに、あやめの種類を分類するアイリス・データセットと呼ばれるものもあります。

これらのデータ・セットは学習用に公開されているものですが、実際の統計的分析を行うときには、各国政府や各自治体が公開しているデータを対象に統計処理をすることもあります。

最近では、政府や自治体でそれらのデータを整備しようという意識が行き渡りつつあり、市民が自由に使えるように、「オープンデータ」として公開している例も増えてきました。次ページの図は、八王子市が公開しているオープンデータカタログのページです。

社会問題を統計的に分析したいときには、このようなデータを活用して、統計分析を行うことも有効です。

● 八王子市のオープンデータカタログページ（https://www.city.hachioji.tokyo.jp/contents/open/002/index.html）

ここがポイント

- ビッグデータ解析や、データサイエンティストになるには統計学が必要
- 現在の人工知能開発の主流である機械学習にも、統計学の知見が活かされている

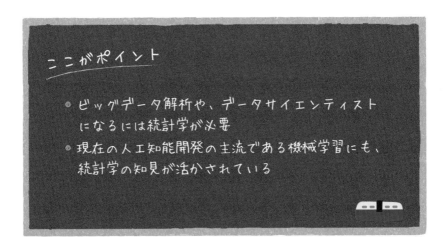

Column 1

オープンデータの整備

政府や自治体が持つデータを、市民が自由に使えるように公開しようという「オープンデータ」の試みは、世界中で広まっています。皆さんが普段、使っているインターネットにおける情報流通の仕組み、WWW(World Wide Web)を発明したティム-バーナーズ・リー博士は、オープンデータの整備に関しての提言も行っています。

利用するときの利便性を考慮すると、オープンデータはより汎用性の高い形式で提供されることが望ましいのですが、そのための指標として、彼が提唱する「オープンデータの5つ星（five star open data)」(https://5stardata.info/ja/）があります。このランキングは、公開するデータの形式、フォーマットや性質に着目し、オープンデータのあるべき形態について提案しています。

☆1つのレベルは、とりあえず公開していればよい、というもので、まずはここからスタートです。しかし、使い回しができないような形式では困ります。PDFなど編集や再利用をしにくい形での公開は、レベル1です。

再利用性を少しでも考慮して、構造化された形でのデータとなっていれば、☆2レベルです。しかし、特定のアプリケーションに依存しているデータフォーマットは、望ましい公開形態とはいえません。

汎用的なフォーマット、CSV(Comma Separated Values、カンマ区切り形式）やXML(eXtensible Markup Language)、JSON(JavaScript Object Notation)といった、誰もが使えて特定のアプリケーションに依らないような形式で公開することが望ましく、この条件を満たしていれば、☆3つのレベルといってよいでしょう。

さらに、データの要素を示す方法としてURI(Uniform Resource Identifire）という方法を用いて機械が意味を解釈しやすくしたり（レベル4)、データ間をリンクさせてLOD(Linked Open Data、リンクト・オープン・データ）と呼ばれる形式にしたりすると、最高レベルの☆5つ、レベル5のデータとしてもっとも望ましいオープンデータになります。

04 検証に便利な環境 ―Rの環境構築

ここでは、書籍内で解説するさまざまな統計の検証を行うのに便利なプログラム実行環境「**R**」のインストール方法を説明します。手順としては、R実行環境のインストーラを配布サイトからダウンロードして、それを自分の環境にインストールします。

The Comprehensive R Archive Network のページにウェブブラウザでアクセスしてください（下図）。以降、**Windows**向けと**Mac**向けに分けて説明します。

● The Comprehensive R Archive Network (https://cran.r-project.org/)

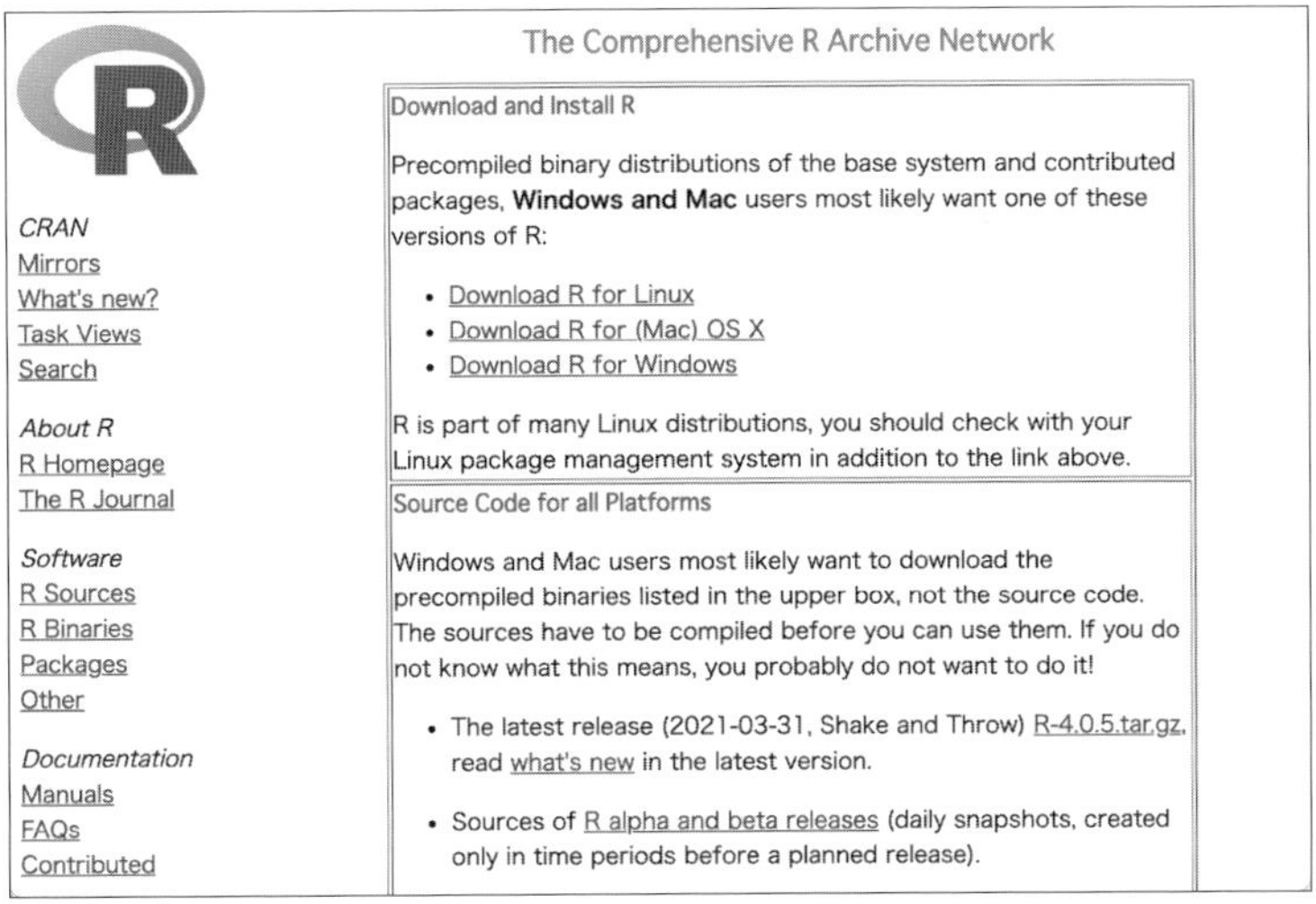

The Comprehensive R Archive Network
CRAN
Mirrors
What's new?
Task Views
Search
About R
R Homepage
The R Journal
Software
R Sources
R Binaries
Packages
Other
Documentation
Manuals
FAQs
Contributed
Download and Install R
Precompiled binary distributions of the base system and contributed packages, Windows and Mac users most likely want one of these versions of R:
• Download R for Linux
• Download R for (Mac) OS X
• Download R for Windows
R is part of many Linux distributions, you should check with your Linux package management system in addition to the link above.
Source Code for all Platforms
Windows and Mac users most likely want to download the precompiled binaries listed in the upper box, not the source code. The sources have to be compiled before you can use them. If you do not know what this means, you probably do not want to do it!
• The latest release (2021-03-31, Shake and Throw) R-4.0.5.tar.gz, read what's new in the latest version.
• Sources of R alpha and beta releases (daily snapshots, created only in time periods before a planned release).

1 WindowsへRをインストールする方法

❶前ページ図中の「Download R for Windows」をクリックします。次に表示されたページにある「base」をクリックします。

❷次のページ、「Download R（バージョン番号。記事執筆時点では4.5.0）for Windows」をクリックします。もっとも新しいバージョンのRをインストールするとよいでしょう。

❸インストーラ（記事執筆時点ではR-4.0.5-win.exe）がダウンロードされます。どこにダウンロードしたかわからなくならないように保存場所に気をつけましょう。保存場所はどこでも構いません。

❹保存したインストーラを起動します。Windowsのユーザーアカウント制御が働き、デバイスを変更するか確認を求められるので「はい」を選択します。続いてインストールに使用する言語の選択を求められます。特別な理由がなければ「日本語」を選択しましょう。

❺以降は「次へ」ボタンをクリックして進んでいけばほぼ問題ありません。「コンポーネントの選択」で32-bit（i386）か64-bit（x64）かを選択できます。なお、両方動く環境であれば両方インストール可能です。

❻インストールが終了すれば、完了した旨が表示されるので「完了」ボタンをクリックして終了します。インストーラは削除して構いません。

❼スタートメニューから「R」を選択して起動します（**32-bit**版なら**i386**、**64-bit**版なら**x64**）。Rのコンソールが表示されるので、Rのさまざまな操作を行うことができます。

2 MacへRをインストールする方法

❶37ページ図中の「**Download R for (Mac) OS X**」をクリックします。次に出てきたページに最新のRのインストーラ（記事執筆時点では**R-4.0.5.pkg**）へのリンクがあるので、ダウンロードします。もし古い**Mac**を使用していてこのページに該当するファイルがない場合は、**https://cran.r-project.org/bin/macosx/old/index-old.html**にアクセスして自分の使っている**Mac**のバージョンに対応したものをダウンロードします。

❷**Mac**では通常は「ダウンロード」フォルダにダウンロードしたファイルが格納されます。ダウンロードフォルダにあるインストーラを探し、インストーラを起動します。

❸インストールは、表示されたダイアログボックス右下の「続ける」ボタンをクリックしていけばほぼ問題ありません。使用契約を承諾するメッセージが表示されたら「同意する」をクリックします。なお、システムに変更を加えるため、ログイン中の**Mac**のユーザー名とパスワードの入力を求められます。パスワードを入力するか、指紋認証などを用いて認証してください。

❹インストールが完了したら「閉じる」をクリックします。これでインストール作業は終了です。インストーラは削除してしまって構いません。**Launchpad**からRを選択して起動するか、

もしくは「アプリケーション」フォルダ内にあるRのアイコンをダブルクリックして起動すると、Rのコンソールが表示されます。そこで、Rのさまざまな操作を行えます。

● Windows 版の R 実行環境

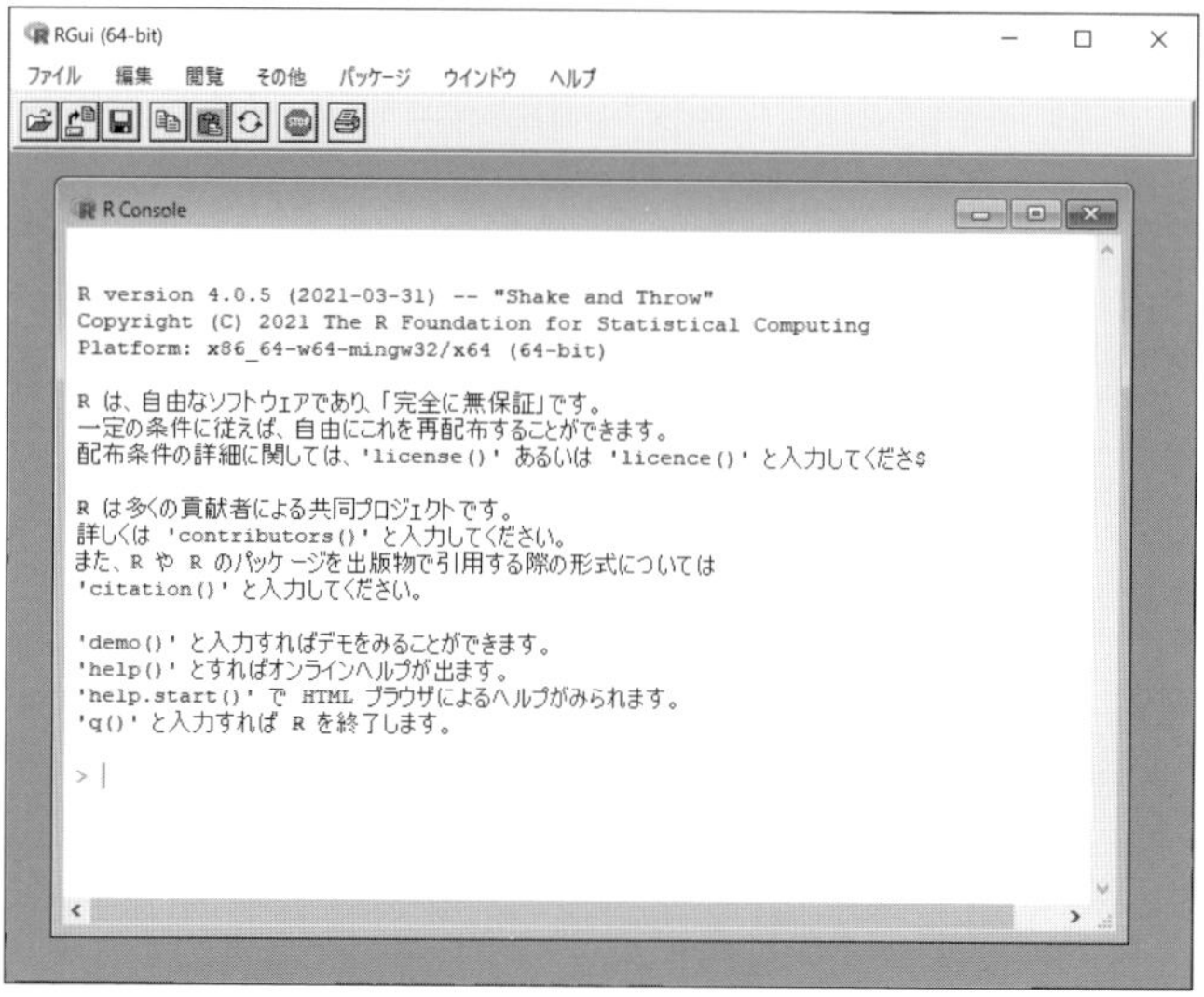
RGui (64-bit)
ファイル 編集 閲覧 その他 パッケージ ウインドウ ヘルプ
R Console
R version 4.0.5 (2021-03-31) -- "Shake and Throw"
Copyright (C) 2021 The R Foundation for Statistical Computing
Platform: x86_64-w64-mingw32/x64 (64-bit)
R は、自由なソフトウェアであり、「完全に無保証」です。
一定の条件に従えば、自由にこれを再配布することができます。
配布条件の詳細に関しては、'license()' あるいは 'licence()' と入力してくださ$
R は多くの貢献者による共同プロジェクトです。
詳しくは 'contributors()' と入力してください。
また、R や R のパッケージを出版物で引用する際の形式については
'citation()' と入力してください。
'demo()' と入力すればデモをみることができます。
'help()' とすればオンラインヘルプが出ます。
'help.start()' で HTML ブラウザによるヘルプがみられます。
'q()' と入力すれば R を終了します。
>

● Mac 版の R 実行環境

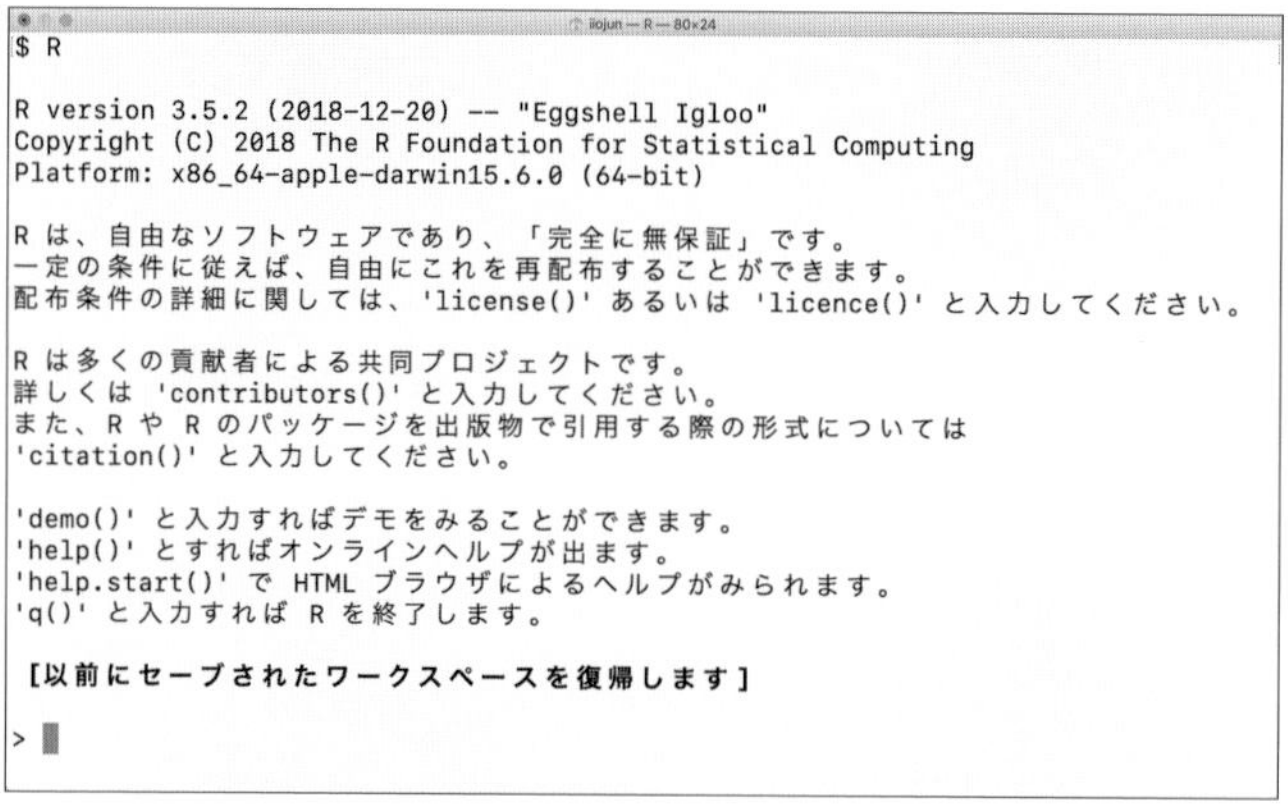
$ R
R version 3.5.2 (2018-12-20) -- "Eggshell Igloo"
Copyright (C) 2018 The R Foundation for Statistical Computing
Platform: x86_64-apple-darwin15.6.0 (64-bit)
R は、自由なソフトウェアであり、「完全に無保証」です。
一定の条件に従えば、自由にこれを再配布することができます。
配布条件の詳細に関しては、'license()' あるいは 'licence()' と入力してください。
R は多くの貢献者による共同プロジェクトです。
詳しくは 'contributors()' と入力してください。
また、R や R のパッケージを出版物で引用する際の形式については
'citation()' と入力してください。
'demo()' と入力すればデモをみることができます。
'help()' とすればオンラインヘルプが出ます。
'help.start()' で HTML ブラウザによるヘルプがみられます。
'q()' と入力すれば R を終了します。
[以前にセーブされたワークスペースを復帰します]
>

2時限目
統計とデータ

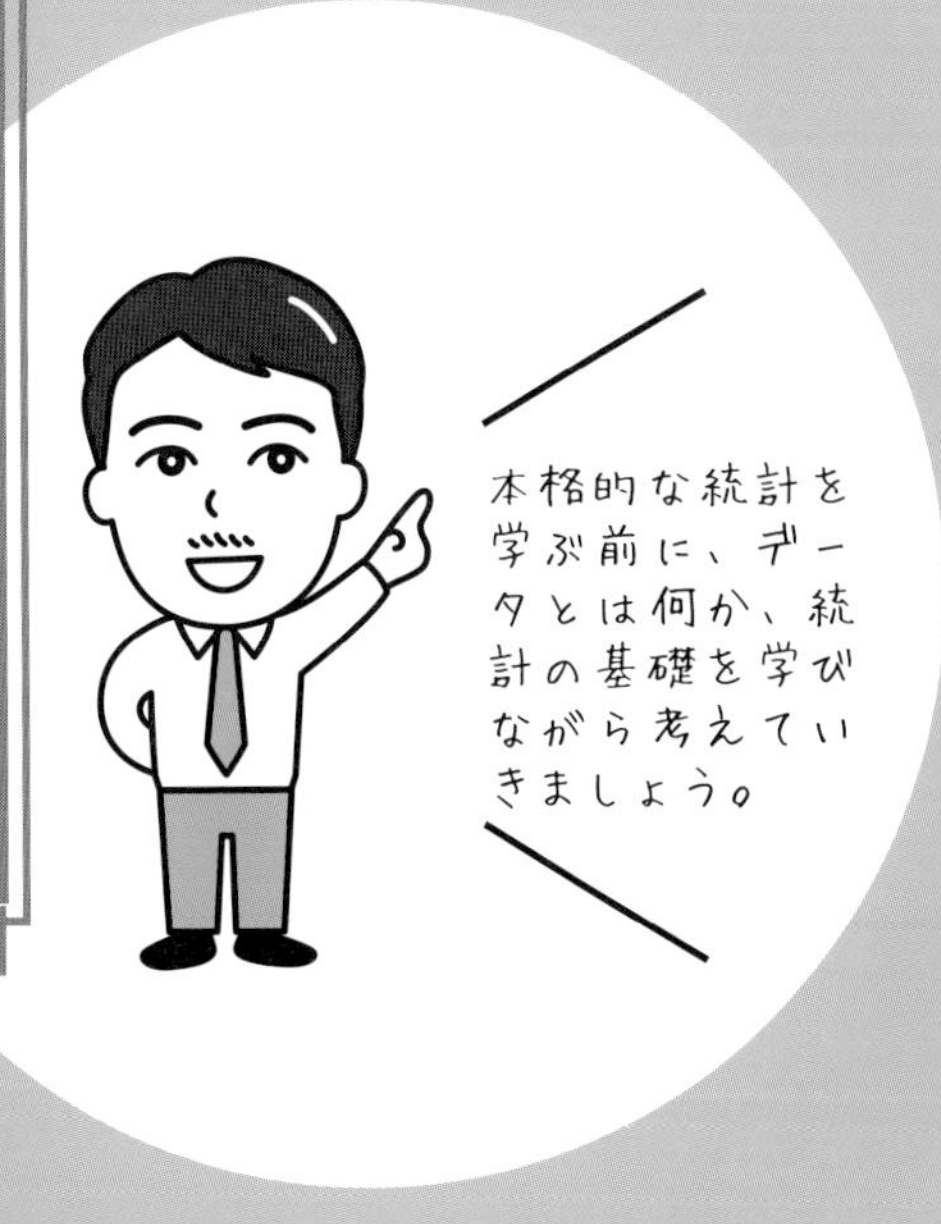
本格的な統計を学ぶ前に、データとは何か、統計の基礎を学びながら考えていきましょう。

01 その数値、単純に比較して大丈夫？
―データの種類（尺度）について

世の中ではさまざまなものが「**数字**」で表されています。車のナンバーや電話番号も数字です。健康診断を受けると身長や体重、あるいは血圧や各種の数値があなたの体を表す特徴として示されます。試験を受けると成績が点数化されますね。社会人の成績は、さしずめ年収でしょうか。統計ではこれらを適切に扱うことを考えなければいけません。

1 数値データを表す「尺度」とは

統計で扱う対象は数値ですが、コンピュータが発展した現在、数値以外のさまざまなデータを統計で考えることができます。たとえば「**計量テキスト分析**」という分析方法があります。文学作品や論文、レポート、アンケートの自由回答など文章を対象として、データの分析を定量的に行おうというものです。計量テキスト分析では「**テキストマイニング**」という分析方法を活用して文章を数値化し、統計的な分析を行います。それでは、数値であれば何でも統計で扱えるのでしょうか。

あるアンケートでは男性を1、女性を2として扱うことにしました。さて、この1と2の意味は何でしょう。女性は男性の2倍の数値……かしこい？　かわいい？　いえ、この数字はアンケート集計のために便宜的に付与されたもので、数値自体に意味はありません。

このように、数値で表されたデータにも、いくつかの基準が当てはめられます。どのような種類の数値データなのか、それを「**尺度**」といいます。その数値データはどんな尺度なのかを考えて、適切な計算方法を考えないといけません。

尺度は一般的に「**名義尺度**」「**順序尺度**」「**間隔尺度**」「**比例尺度**（**比率尺度**）」の4種類に分けられます。後者になるほど数学的にいろいろな計算を適用できる性質を持ちます。

2 名義尺度

まずは、もっとも単純な**名義尺度**から考えていきましょう。

名義尺度とは、いくつかの分類を数値で表しただけのものです。先に挙げた例のように、男性に1、女性に2という数値を割り振ったケースは、この名義尺度に相当します。

名義尺度が意味するものは、データをいくつかの分類（カテゴリ）に分けたときに、あるデータがどの分類に相当するか、これだけです。先の例でいえば、あるアンケートの回答者が、男性なのか、女性なのか、すなわち、カテゴリ1（男性）に含まれるのか、カテゴリ2（女性）に含まれるのかを表しているだけにすぎません。名義尺度で表されるデータのことを「**カテゴリデータ**」ともいいます。

名義尺度で表される数値を足したり引いたりしてはいけません。女性（2）から男性（1）を引いたら男性（2－1＝1）になる、などという計算に意味がないことは明らかです。

電話番号や車のナンバーのように、ある個体に数値が割り振られているようなケースもこの名義尺度として考えることができます。それぞれの番号の大小には意味がなく、それぞれの番号に対して四則演算をしても意味不明なのはまったく同じです。

3 順序尺度

名義尺度では、それぞれの数値はいわば対等な関係にありました。男性を示す1と女性を示す2という数値の間に、大小の関係はありません。男女を入れ替えて、女性を1、男性を2としてもまったく同じ分析を行うことができます（すでにデータがある場合は、ラベルの付け替えという煩雑な作業が求められますが…）。この水準に加えて、順序関係に意味を見出せるというレベルの数値データが**順序尺度**です。

例えば、徒競走の順位を考えてみましょう。4人で駆けっこをすると、1位から4位までの順番が付きます。しかし、これらの順位だけでは、「どれだけ速いのか」を比べることはできません。

例えば、1位になったタカシ君と2位になったマサオ君の差を基準にして、4位になってしまったヒロシ君とタカシ君の差はその3倍あった、と考えてよいでしょうか。この計算が正しくないということは自明でしょう。1位のタカシ君から4位のヒロシ君まで、団子状態でゴールしたのかもしれないし、タカシ君だけがずば抜けて速く、2位から4位までの皆と1位との差はほぼ同じだったのかもしれません。**順序尺度では大小関係（順序関係）の比較しかしてはいけない**のです。

4 間隔尺度

順序尺度に加えて、データとして与えられる数値的な「差」に、データそのものの持つ「間隔」が比例するような性質を持つのであれば、それは**間隔尺度**として扱えます。大小や順序関係だけでなく、数値的な差分にきちんとした意味を持つような尺度であるともいえるでしょう。

時間や**日付**といった数値データは、代表的な間隔尺度です。たとえば、バスのタイムテーブルを考えてみましょう。

東京都内のバス停Aには、5分に1本の頻度でバスが来ます。それに対して、郊外のX市にあるバス停Bには、20分に1本しかバスが来ません。乗客の利便性を考えると、5分間隔で来るAのバス停のほうが便利ですね。バス停Bでは20分の間に1台のバスしか来ないところ、バス停Aには4台のバスが来ます。4倍便利といってよさそうです。

このように、間隔尺度の場合は、データの差を比較することができます。ただし、データの数字そのものを比較することはできません。10時30分に出発するバスと、15時15分に出発するバスを比較しても、数値的な意味をそこに見出すことはできません。

5 比例尺度（比率尺度）

間隔尺度に加えて、それぞれの数値自身を比較することに意味があるような尺度が**比例尺度**です。**比率尺度**ともいいます。さまざまな数値計算に意味があるので、統計的には一番扱いやすい尺度かもしれません。

間隔尺度でバスの発車時刻を比較しても意味がなかったのは、間隔尺度では基準点となるゼロ点を任意に決められるという性質があったためです。時間のゼロ点は、どこに決めればよいでしょうか。午前0時、それとも正午でしょうか。時間や日付といった尺度の場合、基準点を決めることができるものの、それはどこでも構わないのです。

それに対して、比例尺度では、基準点（ゼロ点）は一意なものとして与えられます。自然界を観測して得られるデータ、たとえば**温度**や**湿度**、**気圧**などを表す数値データは、この比例尺度に相当します。温度であれば絶対零度（−273.15℃）がその基準点となっています。

6 それぞれの尺度水準と統計

以上、見てきたように、後段で述べた尺度水準はそれまでに述べた尺度の性質も有しています。また、簡単な尺度では簡単な分析しかできず、高度な統計的計算を無理やり当てはめてもそこに意味を見出すことはできません。

大切なことは、それぞれのデータがどの尺度水準で作られた、あるいは、観測されたものであり、どのような計算を適用できるかを見定めて話をしなければいけないということなのです。

統計では、どのような数値をどのような道具で扱うのかをきちんと考えるところから始めなければいけません。

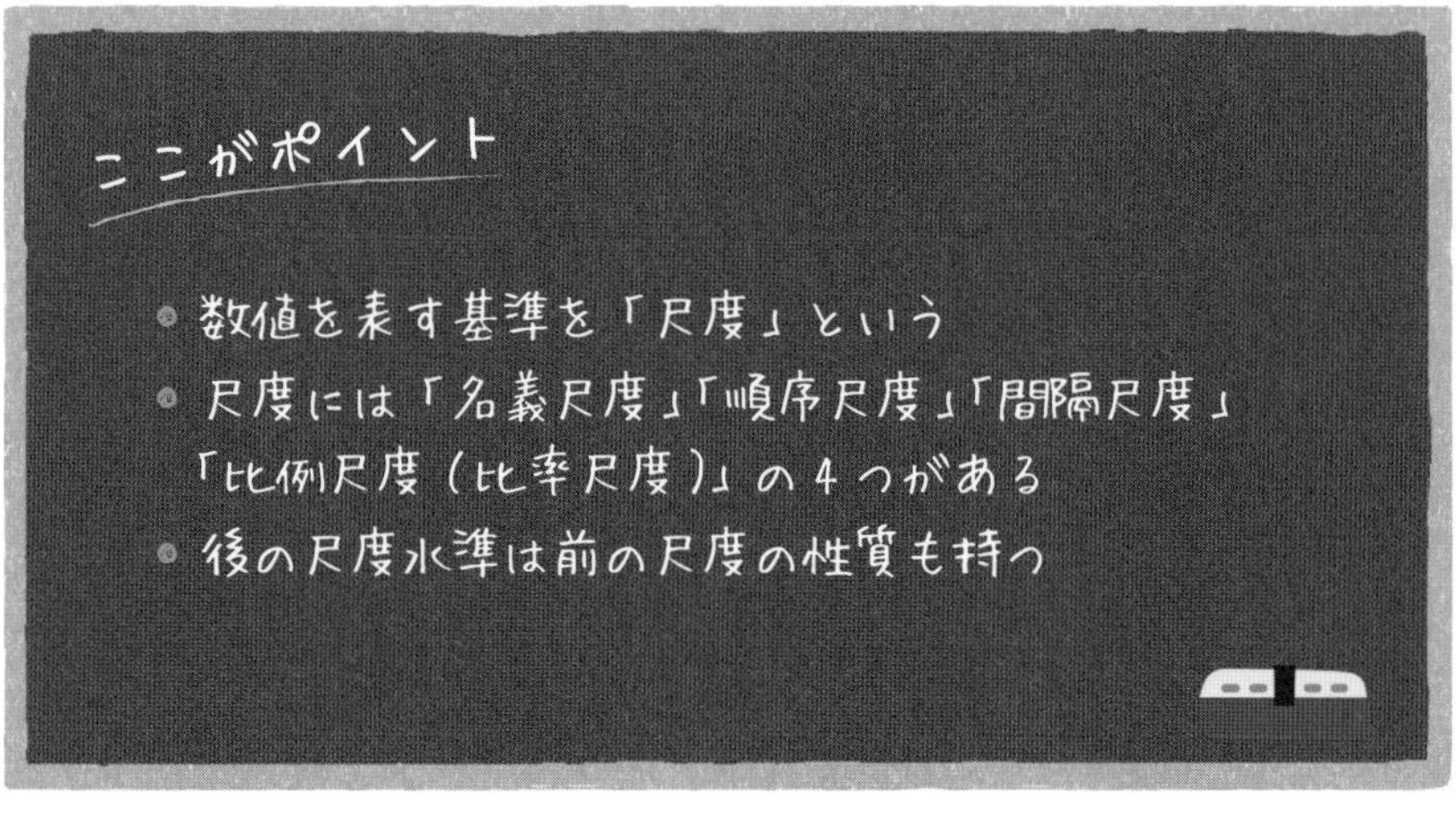
ここがポイント
● 数値を表す基準を「尺度」という
● 尺度には「名義尺度」「順序尺度」「間隔尺度」「比例尺度(比率尺度)」の4つがある
● 後の尺度水準は前の尺度の性質も持つ

02 数学のテストの偏差値はいくつ？
―1次元データで1つの指標を表す

1 一列に並ぶ数値データ

前節で解説したいろいろな尺度のうち、名義尺度以外で表されたデータは直線の上に一列に並べることができます。なかでも比例尺度で表されたデータは、基準点を選ぶとそのデータの値に従って、直線上の位置が決まります。

このようなデータを「**1次元データ**」といいます。1次元データを用いると、大小や割合を比較して考えることができるようになります。

2 1次元のデータ

比例尺度で表されたデータは、並べて比較したり、いろいろな数学的演算を加えたりすることができます。端的な例が、基準点を原点として一直線上に並べて示す方法です。

それらを考えるのに、「**次元**」という概念を導入しましょう。

まず、広がりが何もない世界を考えます。基準点のみが存在する世界です。ここでは、広がり具合のことを次元と捉えてみます。広がりが何もない世界は、点のみの世界、**0次元**です。

先の比例尺度で示されたデータは基準点から近かったり遠かったりといった一方向のみの広が

● **それぞれの次元と座標軸（各次元のイメージ）**

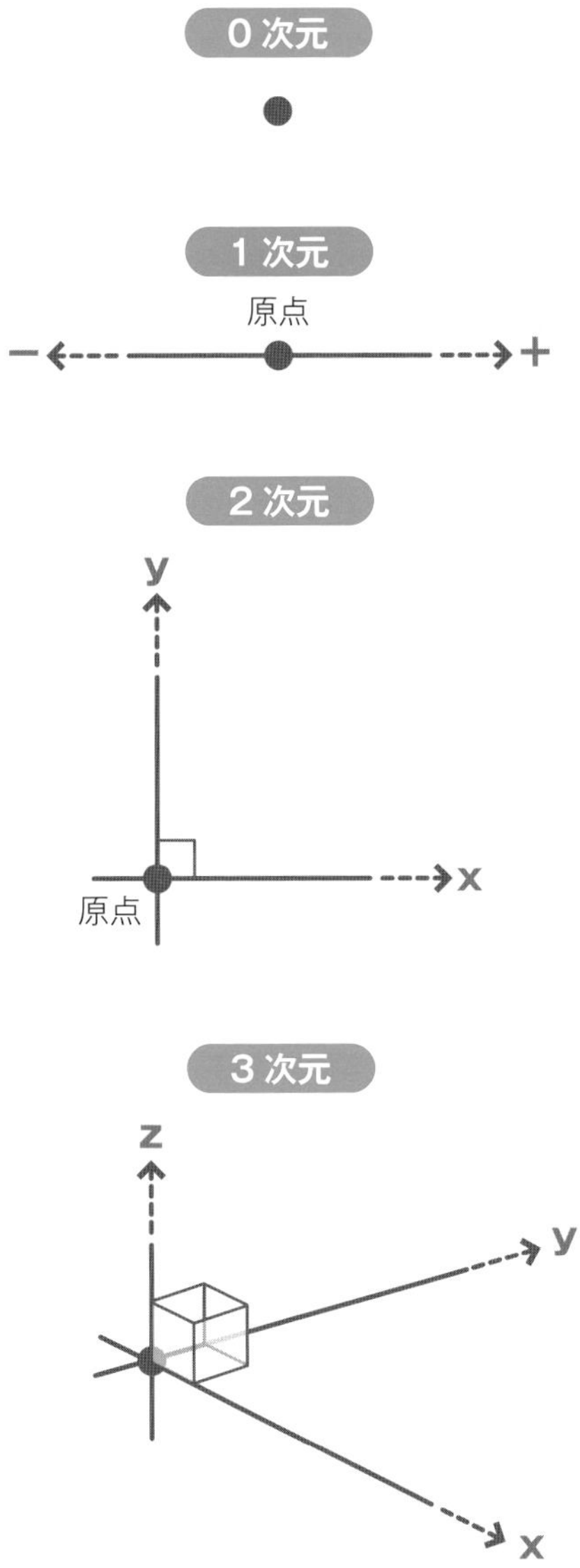
0次元
1次元
原点
−
+
2次元
y
x
原点
3次元
z
y
x

りを考えることができます。したがって、**1つの尺度を持つデータは1次元のデータ**である、ということができそうです。

1次元のデータは、統計処理におけるもっとも基本となるデータです。「数学のテストの偏差値がいくつ」というように、人々は物事を単純に捉えがちです。1つの指標だけで表される1次元データは、理解もそれほど難しくはないでしょう。

3 2次元以上のデータ

世の中には2次元以上のデータもたくさんあります。**平面を表すデータは2次元**のデータとして表現されます（前ページの図参照）。中学や高校の数学で習ったXY平面は代表的な2次元平面ですね。実際の応用例としては、地図上の位置を表すデータが典型的な2次元データといえるでしょう。緯度と経度、2つのデータを用いて地図（平面）上の位置を表現します。なお正確にいえば、緯度経度のデータは厳密な2次元平面を表すデータとはいい難い点があります。なぜならば、本来平行であるはずの経度を表す経線は南極と北極ですべて交わってしまうからです。通常の平面で

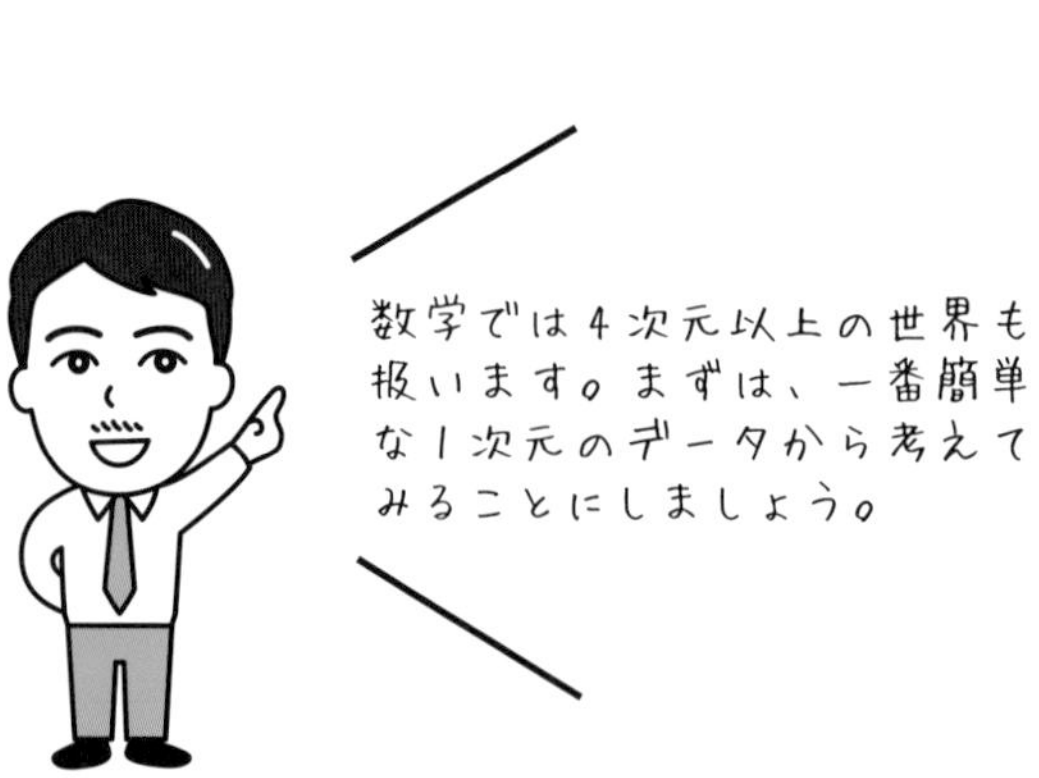
数学では4次元以上の世界も扱います。まずは、一番簡単な1次元のデータから考えてみることにしましょう。

は、平行な直線は永遠に交わりません。経度緯度を厳密に考えるときは、曲面幾何という特殊な数学を用います。

身長と体重なども2次元データとして扱うことができそうですね。身長のデータを片方の軸にとり、もう片方の軸を体重のデータとすれば、身長-体重平面（仮にそう呼ぶことにしましょう）に各人のデータをプロットすることができます。

平面上の位置に高さが加わると、3次元のデータということになります（49ページの図参照）。我々が住むこの世界は、幅と奥行き、高さの3つの指標で表現することができるでしょう。家具がきちんと配置できるかどうか、車が車庫に入るかどうかなど、モノの大きさを図るときは、この3つのデータが必要です。

4 基準点と座標軸

ところで、「**軸**」という言葉を説明せずに使ってしまいました。軸というのは、平面や空間を定義するために導入する目盛のようなものです。ここでは「平面と空間」と表現しましたが、2次元平面も2次元的な空間であると考えることもできるでしょう。いずれにしても4次元以上は簡単には図示できないので、すべて「空間」で統一します。

X軸とY軸という2つの軸を用意すれば、それを使ってXY平面を定義することができますね。3次元の空間は、縦横のXY軸と、高さ方向のZ軸、3つの軸を使って表すことができます。これらを、それぞれの軸が平面や空間を「張る」といいます。同じように、4次元以上の空間、n次元空間（n≧4）はn本の軸を用意することで表現できます。

座標軸は基準点で交わっていないといけない

ただし、ここで1つだけ制限があることに注意してください。その制限とは**「それぞれの軸は基準点（原点）で交わっていなければならない」**ということです。XY平面であれば、(0,0)という点が原点になっており、そこでX軸とY軸が交わっています。3次元空間であれば、同様に原点は(0,0,0)です。4次元以上の空間でもそれは同様です（49ページの図参照）。

5 1次元データですべて考えてよいか？

先にも述べたように、1次元のデータで物事を考えるのは簡単です。1つの軸において、その大小を比較するのは一目瞭然です。1科目100点満点のテストで、90点だった生徒と30点だった生徒のどちらが成績がよいかは明らかでしょう。

しかし、世の中はそれほど単純ではありません。すべて1次元のデータで考えることができるでしょうか。

先に示したように、位置データや身長体重のようなデータは2次元データとして表されます。モノの大きさは3次元データでした。これらをそのまま扱うためには、1次元データだけでは不十分です。

複雑な世の中から得られたデータを上手に分析するには、2次元以上のデータ（**多次元データ**）を上手に扱わなければいけません。英語と数学の成績がそれぞれ、Aくんは「英語：80点、数学60点」、Bくんは「英語65点、数学75点」でした。どちらの成績がよいでしょう？

どちらも合計すると170点で同じです。AくんとBくんにどちらが学力があるかを判定するには、もう少し、統計の勉強を進めなければならないのです。

ここがポイント

- 1列で数値を表したデータのことを「1次元データ」と呼ぶ
- 1次元データは判断が容易だが、複雑な社会から得られたデータの分析には多次元データが必要

Column2

尺度は正しく理解して使おう

男性を1、女性を2とコーディングしたときに、「女性(2) −男性(1)=男性(1)」などという計算にまったく意味がないということは、本文中で説明したとおりです。しかし、世の中を見ていると、ときどきこのような誤りを目にすることがあるので油断は禁物です。

プログラミングの世界でやりがちなことは、あるラベル（名義尺度ですね）をシステムの都合によって整数でコード化する場合に、コードに対して演算をしてしまうというミスです。これは名義尺度を四則演算してはならぬという条件に反します。

そこまであからさまなミスはしないよという人でも、混同しがちなのは間隔尺度と比例尺度でしょう。間隔尺度で十分な場合も多々あり、難しく考えなくてもよいこともあります。違いは、基準点を考えるか否か、そこさえ注意すれば間違うことはありません。

名義尺度を計算してはならないと述べましたが、それを逆手にとったゲームもあるので世の中面白いものです。車のナンバープレートや切符（最近は電子カード化されたので切符を手にする機会は滅多になくなりましたが）に記された4桁の数値を四則演算して10を作る、というゲームがありますね。これらなどは尺度とは関係ありませんが、数値化された名義尺度から計算して遊ぶ面白いゲームでしょう。

03 英語が得意な生徒は数学も得意か ―いろいろな指標を表す多次元データ

1 さまざまな性質を表現できる

前節では1次元のデータを扱いましたが、同時に1つの指標だけでは十分にデータの性質を表現できないことも学びました。ここでは、複数のデータを同時に扱う「**多次元データ**」を考えます。2次元や3次元のデータはイメージしやすいでしょう。統計学では、たくさんの変数を考えて、もっと大きな次元のデータを扱うこともあります。だんだんと慣れていくようにしましょう。

2 多次元データとは

前節では英語と数学の点数を考えました。2つの数字データを取り扱うために、それらを組み合せて2次元のデータとして考えたわけです。

実際の成績処理はどうでしょうか。学校ではさまざまな教科を学びます。英語と数学だけではありません。英語、数学、国語、理科、社会、それぞれの試験の成績を考えると、これは5つの数字の組で表されるデータになります。すなわち、5次元データとして考えることになるのです。

データが多次元になると、数値の評価が難しくなる

各教科の成績を考えると、一概に成績の良し悪しを比べるのは難しくなるでしょう。データが多次元になると、一列に並べて比べることができなくなるからです。入学試験などでは、すべてを足し合わせて総合点で比較して、一定の点数以上を合格、それを上回らなければ不合格などとします。場合によっては、特定の科目に重みを付けて、ある科目を重視した総合点を計算するなどという工夫も行います。

統計では、ものすごく大きな次元のデータを扱うこともあります。例えばテキストマイニングと呼ばれる分析方法では、分析対象の文書データのなかで、どの単語が何回出てきたかを数え上げて分析する手法があります。そのような分析で作成する単語空間は、何千次元という多次元データを扱います（次ページの図参照）。

● 何千次元という大きな多次元空間を対象とした統計分析

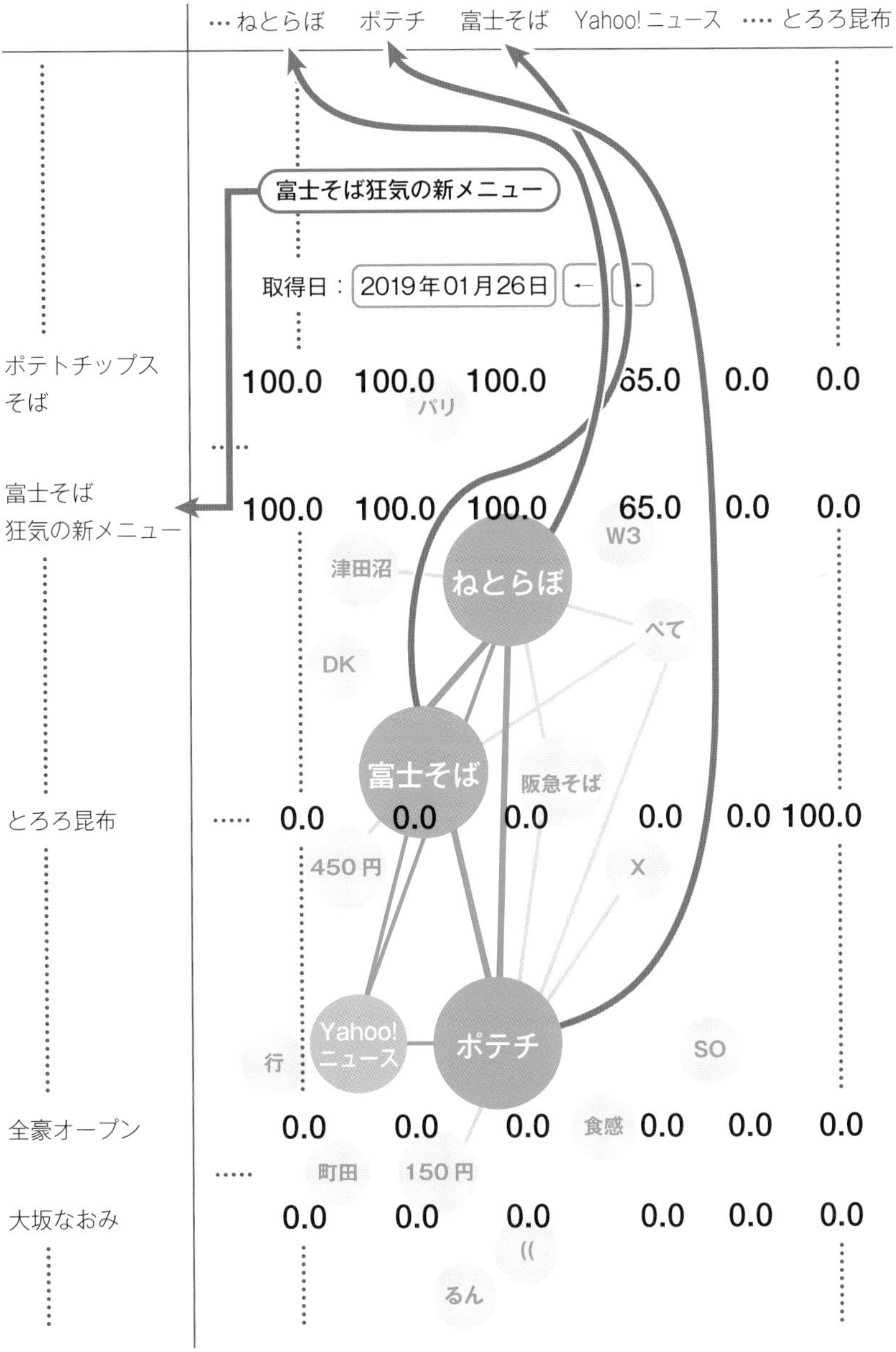

3 データを組み合わせるときの留意点

多数のデータを組み合わせて多次元データとすれば、さまざまな性質を持つデータを数値的に表現することができます。数値的に表現すれば、統計学を用いていろいろな分析をすることが可能です。

ただし、このときに少しだけ注意が必要です。それは、「**混ぜるな危険**」ということです。

2時限目01で「**データには尺度がある**」ということを学びました。一般的には、比例尺度であれば自由に組み合わせて計算して構いません。なぜならば、比例尺度にはしっかりとした基準点があり、基準点を原点として揃えてあげれば、それらを組み合わせたデータは数学的に意味のある空間を構成することができるからです。

比例尺度と名義尺度を混ぜて評価してはいけない

しかし、比例尺度のデータに名義尺度を混ぜてしまうと、いったいどうなってしまうでしょうか？

例として、さきほど考えた5教科のデータに、男女の区別を入れてみましょう。男性を0、女性を1として、それぞれコード番号を割り振ります。男女に区別のために割り振られた数値は、順序や大きさに意味がないので名義尺度です。

５教科の成績、５次元空間のデータに性別のデータを追加するので、見た目上は６次元のデータに見えます。しかし、この取り扱いは十分に注意しなければなりません。

男性だけで比較、女性だけで比較するのであれば、それぞれで５教科の成績を考えればよいでしょう。しかし、総合点を計算するときに、男性の０や女性の１というコードを足し合わせることに意味がないし、そのような計算をしてしまうとおかしな結果になってしまうということは、考えるまでもなく明らかです。

4次元以上は視覚的に捉えるのは難しいかもしれません。徐々に理解を深めていくようがんばりましょう。

ここがポイント

- 複数の数値を扱う「多次元データ」を用いれば、複雑な分析が可能になる
- 名義尺度と比例尺度の数値を混ぜて用いるのはほとんどの場合、意味がない

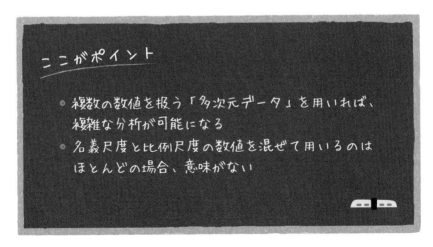

04 2つのクラスの成績を比較するには——集団の性質を示す代表値

ここまで「尺度とは」や「複数の次元を用いてさまざまな性質をデータで表現できる」という考え方を学びました。

しかし、データの数が多くなってくると、それらすべてに目を通して検討するという作業はなかなか難しくなってきます。そこで「データの集合を数値で代表させること」を考えましょう。どのような数値で表せばよいでしょうか。まずは、その基礎について考えます。

1 データの合計

統計では、数値で表現されるデータを取り扱います。ここまで出てきた例としては、試験の成績というデータを扱いました。それぞれの科目が百点満点の試験であれば、各生徒の成績は0点（残念！）から100点（素晴らしい！）までのデータとして記録されます。

ここで、A組とB組の成績を比較したいと考えたとしましょう。A組とB組では、英語の成績はどちらが優れているでしょうか。両クラスの成績を左の表に示します。このA組とB組を代表させる数値を考えましょう。

まず簡単なところで、両組の生徒の合計値を計算してみました。A組の合計点は1089点、B組の合計点は1071点です。運動会の点数みたいですね。A組の合計点がB組の合計点を上

● A組とB組の英語の成績

出席番号	A組(点)	B組(点)
1	23	66
2	67	75
3	55	35
4	98	86
5	45	57
6	28	95
7	10	76
8	74	68
9	55	94
10	64	63
11	63	49
12	23	58
13	47	71
14	87	60
15	82	72
16	90	46
17	13	
18	43	
19	54	
20	68	
合計	1,089	1,071

回っています。さて、これをもって、A組のほうが優れていると判断してよいでしょうか。

さらにここで、残念なお知らせです。A組出席番号20番の生徒が、試験で不正行為をしていたことが発覚しました。とすると、20番の成績はノーカウントです。合計点は1089点から1021点に減点されました。B組の逆転勝利です……などという理屈は適切でしょうか。

2 「平均値」という考え方

表を見てわかるとおり、そもそもA組の人数とB組の人数が違います。合計点で優劣を判定するのであれば、人数の多いA組が有利であるということは自明でしょう。合計点で判定するのは妥当ではなさそうです。

そこで「一人当たりの点数はどうなのか」と考えてみましょう。合計点を人数で割れば、一人当たりの点数を計算することができます。

一人当たりの点数を計算すると、A組は1089点÷20人＝54・5点／人（20番の不正行為はなかったこととしています）、B組は1071点÷16人＝66・9点／人となります。B組の圧倒的勝利ということになりますね。

これが「**平均を計算する**」という考え方です。合計で比べるのではなく、一人当たりの点数に均して考えるということですね。

3 代表値は平均値だけではない

すべての値を合計してデータの数で割ると「**平均値（mean）**」を計算できます。平均値は計算も簡単なので、集団を代表させる数値としてたいへん使いやすい指標です。そのため、社会のあらゆるところで平均値が指標として使われています。

しかし、平均値も使い方や状況によっては問題になることがあります。平均値のほかにも、集団を代表させる値でしばしば使われるものとしては「中央値（median）」や「最頻値（mode）」などがあります。これらについては次節で詳しく説明しましょう。

4 単純平均（算術平均）と重み付き平均（加重平均）

平均値を求める計算にもいくつかの種類があります。本節で示した平均の計算である、通常よく使われる平均値は「**単純平均**」あるいは「**算術平均**」と呼ばれます。先に説明したとおり、データ1つあたりの数値を求めるための計算です。n個のデータ $\{x_1, x_2, x_3, \cdots, x_n\}$ に対してその平均値 $\bar{x}$ は次ページの 式1 で計算されます。

それに対して、それぞれのデータ x_k に重み w_k を掛けて、データの寄与度合いを調整して平均をとる方法が「**重み付き平均**」または「**加重平均**」と呼ばれるものです（次ページ 式2 ）。

加重平均はw_kとx_kの積（掛け算）を足し合わせた（和をとった）ものなので、積和演算の形をしています。積和演算は、コンピュータの情報処理で非常によく出てくる形式の演算です。人工知能（機械学習）でも随所で利用されています。単なる平均値以外にも、実社会で活用されている平均値が存在するのです。

● **単純平均** 式1

$$\overline{x} = \frac{1}{n}\sum_{k=1}^{n} x_k$$

● **重み付き平均（加重平均）** 式2

$$\overline{x}_w = \frac{1}{n}\sum_{k=1}^{n} w_k x_k$$

ここがポイント

- データの集合を代表させる数値（代表値）はさまざまなものがある
- 平均値は代表値の１つ。ほかに中央値や最頻値などもある
- 平均には単純平均と加重平均がある

Column3

∑に驚くことなかれ—1

単純平均と重み付き平均を求める式で「∑（シグマ）」が出てきました。数学に苦手意識を持っている皆さんのなかには、∑に対して距離を感じている方も多いようです。

私が中央大学文学部に赴任した最初の年、文学部のゼミ生として受け持った10人の3年生に対してこれまで私が実施してきた研究を紹介したときに、黒板に書いた∑が問題になったことがありました。曰く「その記号の意味がわからない」というのです。

∑の記号は、慣れればなんということはありません。単純平均を求める式であれば、kを添字として、1からnまで、kを変化させながらx_kを並べて足し合わせる、というだけの演算です。

本書で扱う範囲でも、二重の∑が出てきますが、二重になっても縦横の組み合わせを考えながら並べていくだけなので、まったく難しいことはありません。特に、複数の変数が線形結合（一次結合）した式の∑は複数の∑に分解できるという「線型性」という概念さえきちんと理解してしまえば、∑は恐るるに足らない記号です。これからいくつも出てくるので、慣れ親しむようにしてください。

● Σの意味

k=5になるまで足す

$$\sum_{k=1}^{5} k = 1 + 2 + 3 + 4 + 5 = 15$$

k=1を代入　k=2を代入　k=3を代入　k=4を代入　k=5を代入　合計

05

比較は平均点だけじゃない
――平均値・中央値・最頻値の使い分け

1 さまざまな代表値も使いよう

平均値という値を使って集団を代表させることで、その集団の性質を表現できそうだということがわかりました。しかし、平均値も万能ではありません。本書の冒頭、1時限目01で平均値の罠について紹介しました。平均値にこだわっていると、思いがけない落とし穴にはまるリスクがあります。

ここでは、平均値以外によく使われる代表値である「**中央値**」と「**最頻値**」について解説します。

2 平均の罠

2時限目04で、A組とB組の試験の成績を比較して、その優劣を考えました。平均値を計算したところA組の平均値は54・5点、B組の平均値は66・9点で、B組の成績のほうが圧倒的に優れているという結論になりました。

ところで、A組が20名いたのに対して、B組は16名しかいませんでした。実は、B組では4名の生徒が風邪で欠席しており、試験を受けていなかったのです。

欠席して試験を受けなかった生徒たちの成績は、当然ながら0点です。その結果を省略していたのは不公平でしょうか。そこで、欠席した4名の成績（いずれも0点を追加して、再度、平均点を計算し直してみましょう。そうするとB組の平均点は53・6点となり、今度はA組のほうが優秀ということになりました。

3 真ん中の値「中央値」

このようなケースで適切と考えられる指標は「**中央値**（**median**）」と呼ばれる値です。中央値とは、すべての値を順番（小さい順、大きい順）に並べたときに、真ん中（中央）に位置する値のことです。小さい順に並べても、大きい順に並べても、どちらでも同じになることは、改めて説明しなくてもよいでしょう。

中央値は極端な値の影響が少ない

中央値は、中央に位置する値をもって、その集団の性質を代表させようという考え方です。平均値と比べると、極端な値が影響することは少ないという性質を持っています。

● A 組と B 組の英語の成績（欠席者を含む）

出席番号	A 組（点）	B 組（点）
1	23	66
2	67	75
3	55	35
4	98	86
5	45	57
6	28	95
7	10	76
8	74	68
9	55	94
10	64	63
11	63	49
12	23	58
13	47	71
14	87	60
15	82	72
16	90	46
17	13	0
18	43	0
19	54	0
20	68	0
平均点	54.5	53.6

A組の成績を小さい順に並べてみましょう。次のようになりますね。

10, 13, 23, 23, 28, 43, 45, 47, 54, 55, 55, 63, 64, 67, 68, 74, 82, 87, 90, 98

20人という人数は偶数なので、ちょうど真ん中に相当する順番はありません。そのようなときは、真ん中前後の2つの数値の平均値とします。2つの数値を足して2で割った数字です。10番目と11番目がどちらも55点なので、**A組の中央値は55点**ということになります。

続いてB組です。0点の4人を加えて並べ替えると、次のようになります。

0, 0, 0, 0, 35, 46, 49, 57, 58, 60, 63, 66, 68, 71, 72, 75, 76, 86, 94, 95

先ほどと同様に、10番目と11番目を考えましょう。10番目は60点、11番めは63点です。中央値はその間をとった値ですので、**B組の中央値は61・5点**ということになります。

中央値で比較すると、欠席した4名を加えても、やはりB組のほうが優秀であるということが示されました。

4 もっとも頻繁に観測された値「最頻値」

値の分布によっては、平均値も中央値も適切ではないという場合もあります。

例えば、下のグラフのようなケースを考えましょう。このような図のことを**ヒストグラム**といいます。ヒストグラムは、散らばる値に対して一定の区間を設けて、その区間に何個入るかを集計することで作成します。

図の集団を代表させるには、どの値を用いるのが適切でしょうか。もっともカウントされた数の多い区間の値が適切ではないでしょうか（グラフのもっとも高い部分）。

しかし、このグラフのように分布が偏っているときには、平均値や中央値とこの値が一致しません。平均値も中央値も、代表させた

● 最頻値が適切と考えられるケース

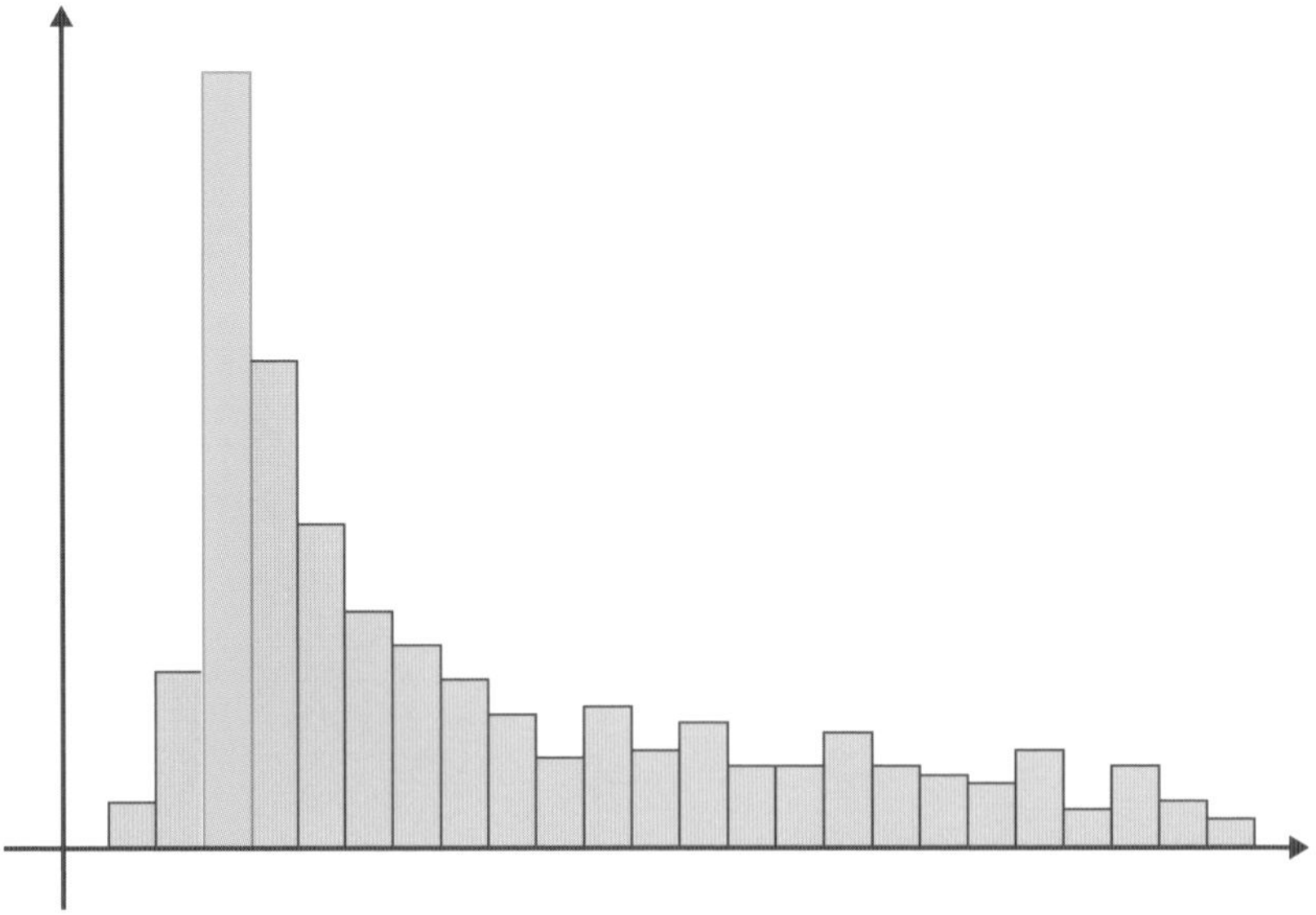

い値よりは、少し高めの数値になってしまうでしょう。高い方向に薄く広く分布している場合です。低い方向に薄く広く分布している場合はその逆になります。

このようなケースでは、もっとも多く観測された区間の値で全体を代表させるのがよさそうです。その値のことを「**最頻値**（**mode**）」といいます。区間の値を使うので、1つの値にするために区間の中央値で代表させます。

平均値、中央値、最頻値はそれぞれ特徴があります。適切な代表値を使い分けましょう。

ここがポイント

- 平均値では適切に集団の代表値を説明できないときがある。その場合は他の代表値を用いる
- 集団のすべての値を順に並べて真ん中にくる値を中央値、もっとも頻出する値を最頻値という

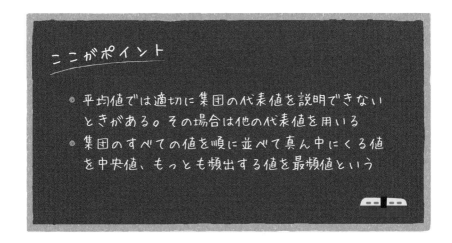

06

面倒なことはコンピュータに任せよう
―ツールを使った代表値計算

平均値や中央値、最頻値などを使って集団を代表させる方法を学びました。それらを計算する方法も紹介しましたが、毎回、手作業で計算するのはたいへんです。特にデータが多くなると、手作業ではどうしても間違いが入り込んでしまいます。

そのような計算はコンピュータが得意です。コンピュータに任せてしまいましょう。表計算ソフトとRを使って、平均値や中央値を計算し、ヒストグラムを描いてみます。

1 データの準備

前節で参照したA組とB組の試験の成績を使います。欠席者込みの成績表です。これを、表計算ソフトを使って集計しましょう。

2時限目05、68ページの成績データを表計算ソフトに入力します。1行目はラベルを入れます。セルA1に「出席番号」、セルB1とC1には「A組」「B組」と入れておきます。

セルA2に「1」、A3に「2」、A4に「3」と数値を入力していきます。全部入力するのは手間なので、いくつか入れたところで表計算ソフトのオートフィル機能を使いましょう。その機能を使えば「20」まで自動で埋めてくれます。例えば、**MS Excel**であれば複数選択したあとで右下の黒いマーカーをドラッグすることでオートフィルを実現することができます。

　A組とB組について、各生徒の点数を入れます。間違えないように、慎重に入力してください。C21まで入力できれば準備完了です（下図）。

● 表計算ソフトの利用

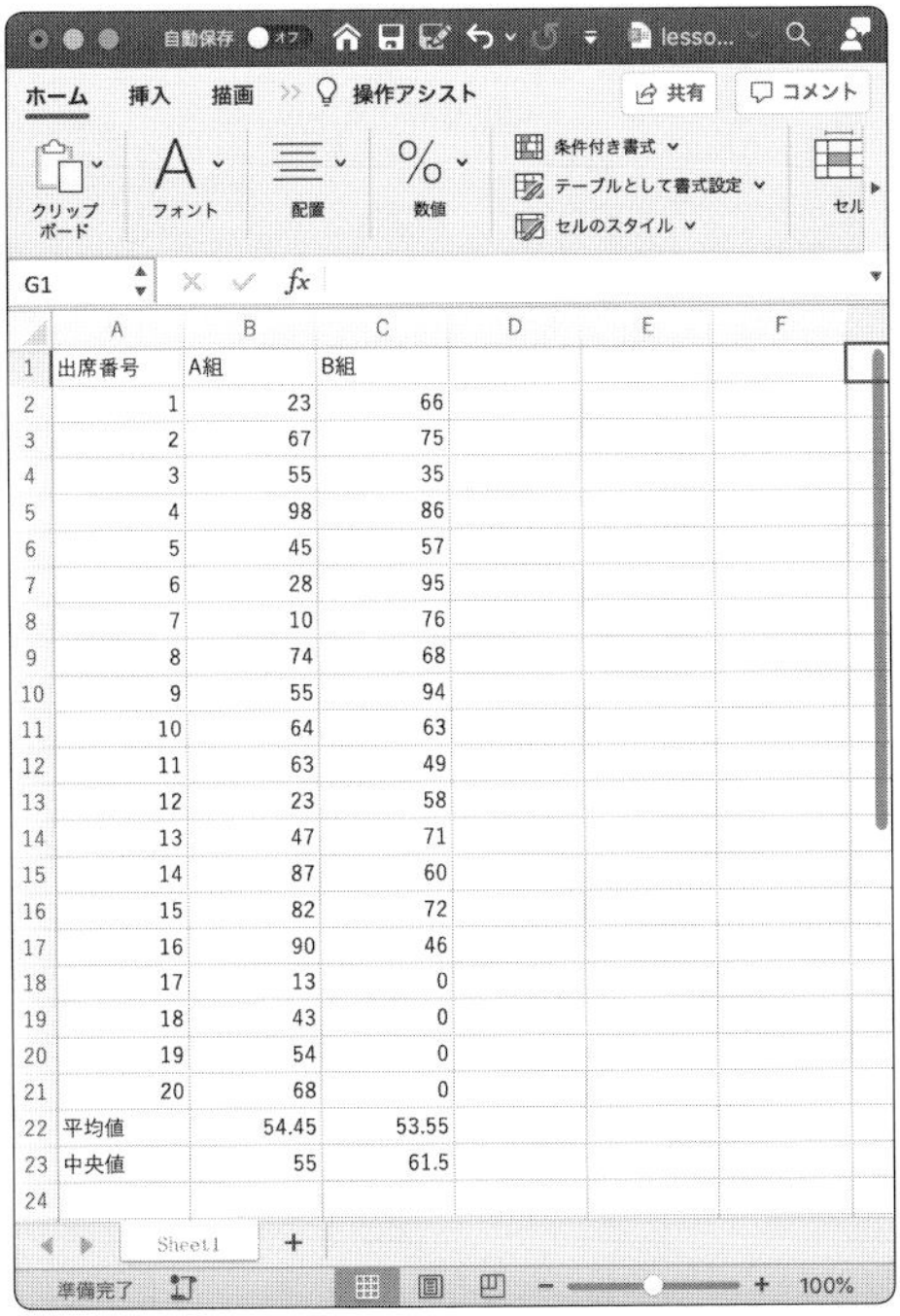

	A	B	C	D	E	F
1	出席番号	A組	B組			
2	1	23	66			
3	2	67	75			
4	3	55	35			
5	4	98	86			
6	5	45	57			
7	6	28	95			
8	7	10	76			
9	8	74	68			
10	9	55	94			
11	10	64	63			
12	11	63	49			
13	12	23	58			
14	13	47	71			
15	14	87	60			
16	15	82	72			
17	16	90	46			
18	17	13	0			
19	18	43	0			
20	19	54	0			
21	20	68	0			
22	平均値	54.45	53.55			
23	中央値	55	61.5			
24						

2 関数を使って平均値と中央値を求めよう

セルA22に「平均値」、A23に「中央値」と入力しましょう。それぞれ、A組とB組の平均値と中央値を計算します。

平均値は、合計を求めて生徒数で割ると求められます。合計を求めるにはSUM関数を使います。しかし、生徒数が変化するかもしれません。そのときに、いちいち式を変更するのは面倒です。

そのため、平均値を求める関数「AVERAGE」を用います。セルB22に「=AVERAGE(B2:B21)」と入力します。B2:B21というのは範囲指定です。B2からB21までの範囲にあるデータを対象として、平均値を求めよ、というものです。

セルC22も同様にして、「=AVERAGE(C2:C21)」と入れましょう。B組に対して同じ操作を行います。表計算ソフトが自動で平均値を計算して、セルのB22とC22に値を表示してくれるはずです。小数点以下何桁まで表示するかは「セルの書式設定」で調整することができます。

中央値も似たような操作で計算できます。中央値を求める関数は「MEDIAN」です。セルB23とセルC23に、それぞれ「=MEDIAN(B2:B21)」、「=MEDIAN(C2:C21)」と入れてみましょう。中央値の値が表示されます。

3 ヒストグラムを描く

次に**ヒストグラム**を描いてみましょう。ここまで使用したクラスの成績ではなく、もう少し大きなデータを対象にヒストグラムを描いてみます。

次ページの表は、2020年6月の輸入車（乗用車）登録台数一覧です。県別に台数がまとめられています。この値の分布をヒストグラムで描いてみましょう。表計算ソフトを使ってもヒストグラムを描くことはできますが、若干操作が面倒なので、より簡単なRを使ってヒストグラムを作成してみます。

表のうち、数値だけを取り出したデータを用意します。1行に1つの数値を並べただけの簡単なデータセットです。これを**cars.dat**というファイルに保存します。

Rを起動すると、Rのコマンドを入れるプロンプト「>」が出てきます。そこに、次ページ中程のコマンドを投入しましょう。

この操作は次のようなことを行っています。まずデータをヘッダ無し（**header=F**）で読み込み変数xに格納します。その後xの第1列を対象としてヒストグラムを描画せよ、と命令しています。ヒストグラムの分割をどうするか（**breaks=20**）、色を何色にするか（**col="lightblue"**）、タイトルとX軸、Y軸、それぞれのラベルに何を描くか（**main=**…以降）を引数で指定しています。

以上の操作で、次ページ下図のようなヒストグラムを簡単に描くことができます。

● 2020年6月の県別輸入車（乗用車）登録台数

北海道	768	埼玉	1103	岐阜	480	鳥取	56	佐賀	99
青森	111	千葉	1179	静岡	863	島根	73	長崎	145
岩手	155	東京	3883	愛知	2119	岡山	357	熊本	235
宮城	424	神奈川	2218	三重	450	広島	454	大分	180
秋田	131	山梨	168	滋賀	218	山口	188	宮崎	108
山形	151	新潟	286	京都	543	徳島	96	鹿児島	169
福島	228	富山	171	大阪	1687	香川	148	沖縄	64
茨城	560	石川	189	奈良	267	愛媛	194		
栃木	338	長野	366	和歌山	150	高知	62		
群馬	416	福井	169	兵庫	1154	福岡	934		

● 上の表からRでヒストグラムを作成

```
> x <- read.csv("cars.dat", header=F)
> hist(x$V1, breaks=20, col="lightblue",
+ main="県別輸入車登録台数", xlab="台数", ylab="頻度")
```

● Macで日本語フォントを使う場合

```
> par(family="HiraMaruProN-W4")
```

● ヒストグラムができた

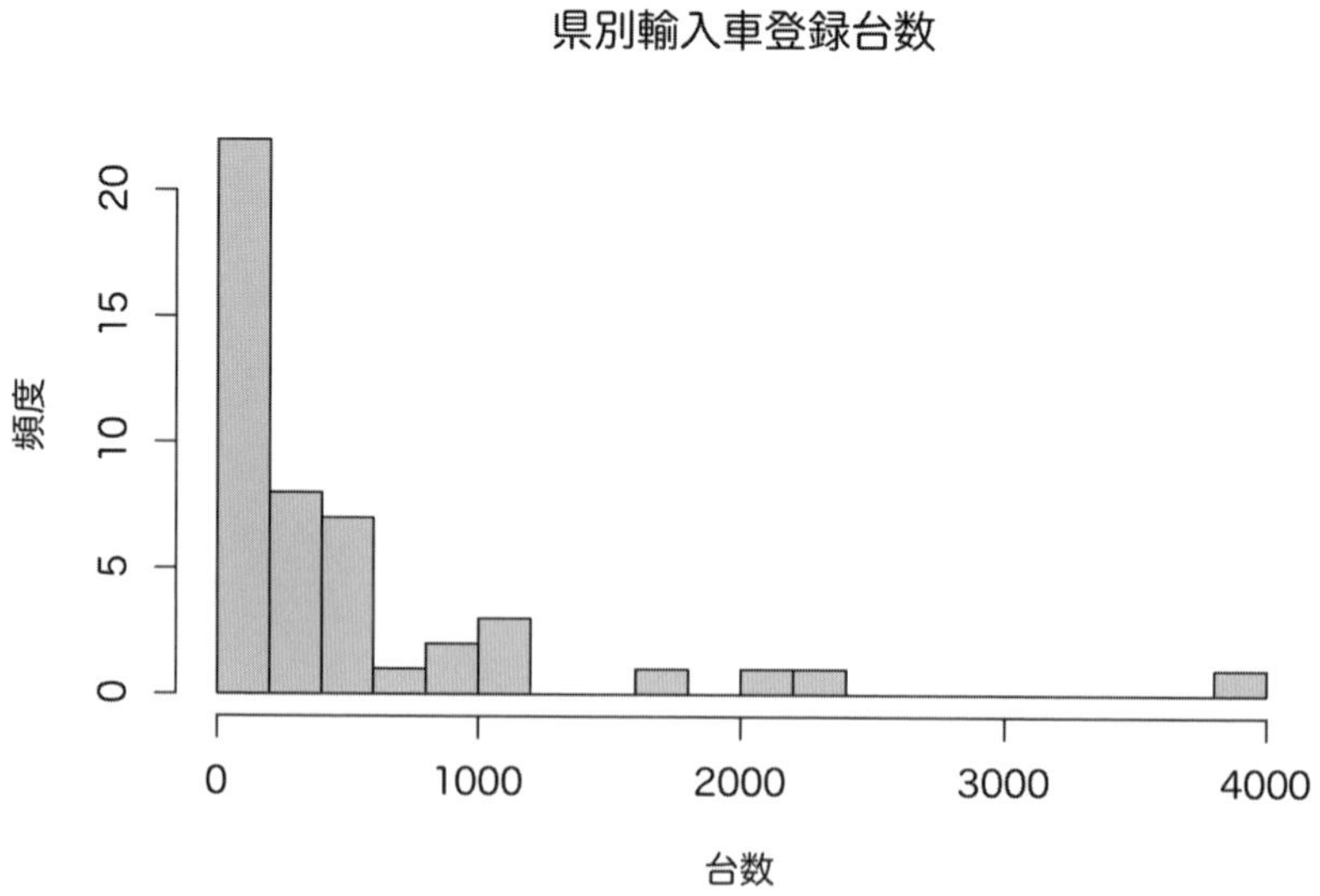

なおＭａｃを使っている場合は、日本語フォントを表示できるような設定を別途行う必要があります。ヒラギノ丸ゴを使いたいときは、前ページのコマンドを実行してください。

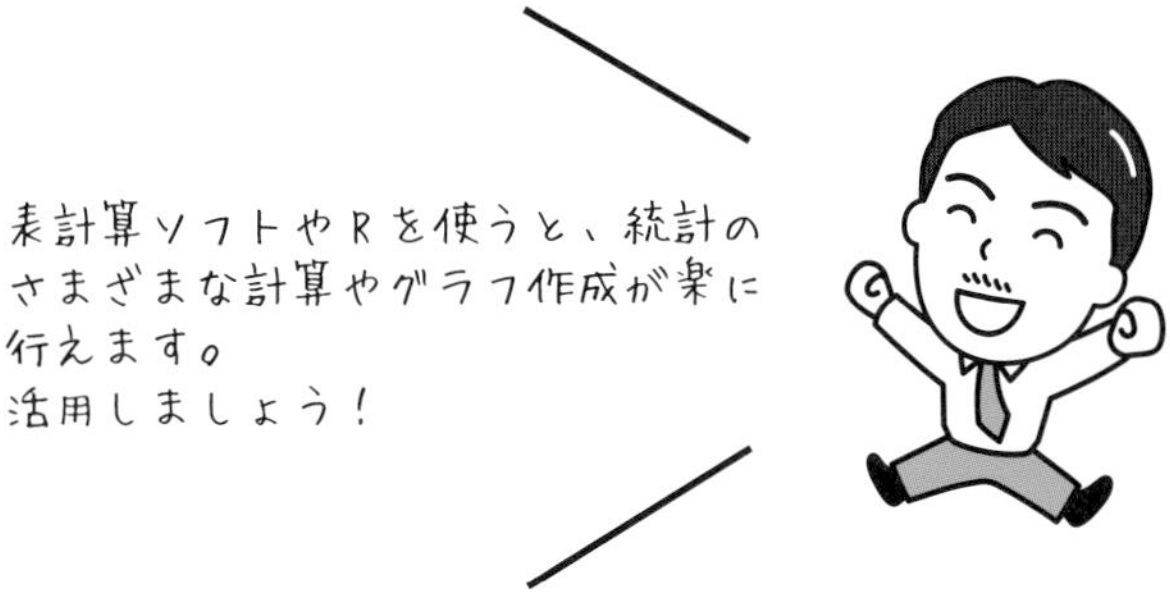
表計算ソフトやRを使うと、統計のさまざまな計算やグラフ作成が楽に行えます。
活用しましょう！

ここがポイント

- 表計算ソフトやＲを使えば簡単に統計の計算ができる
- 表計算ソフトは関数を用いると楽に計算できる
- ヒストグラムを作成する場合はＲが便利

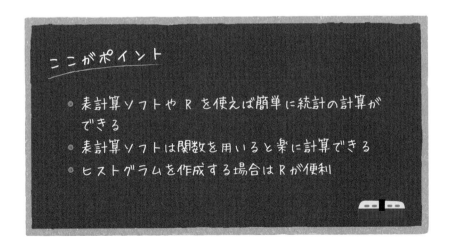

07 データ群の「真の姿」を推測する
──記述統計と推測統計

1 与えられたデータから何を解釈するか

2時限目でここまで紹介してきた代表値はいずれも、与えられたデータから直接計算されるものでした。このほかに、3時限目で扱う**分散**や**標準偏差**も得られたデータから計算される値です。このような値は、データの集団そのものを表現するためには適切な指標です。しかし、そのデータは本当に事象の性質を表しているでしょうか。「得られたデータがたまたまそのような値だった」ということはないのでしょうか。

統計には、**記述統計**と**推測統計**という2種類の概念があることをここで説明します。

2 記述統計とは

これまでみてきた合計や平均値、中央値、最頻値などは、得られたデータの値から計算して求められます。それぞれ性質が異なるので使い方には注意が必要ですが、いずれの値も**「そのデータの集団」を代表させて数値として表すもの**だということがいえます。

3時限目前半では、データの散らばり具合について考えます。そこで登場する分散や標準偏差という数値も、「そのデータの集団」の特性を表す値です。

このような、指標を計算する統計のことを「**記述統計**」といいます。記述統計は、与えられたデータ群の性質を記述するもので、そのデータ群をいろいろな側面から数値として表すこと、と捉えることができるでしょう。

3 データ群の真の姿は？

ところで、そのデータは本当に集団の特性を表しているデータなのでしょうか。統計では、まずそこから疑うということを行います。

2時限目04からずっと論じてきたA組とB組の試験の成績を、もう一度振り返ってみましょう。欠席者を除いた平均値での比較と、欠席者を含めた中央値での比較では、B組のほうが優れているという結果が得られていました。

しかし、欠席者4名がきちんと試験を受けたらどうなるでしょう。あるいは、たまたまその試験を実施する直前に、B組では試験範囲の補習をやっていたのかもしれません。再度、問題を変えて試験をしたら、A組とB組の試験の成績はどうなるでしょうか。

4 標本と母集団

さらに、いまここではA組とB組の成績を議論していますが、C~E組まで、他のクラスの成績はどうでしょうか。C~E組の成績は、それぞれ試験をすればわかります。では、この学校だけでなく、市内全域の学力はどうでしょうか。あるいは県内、いや、昨今の日本での生徒の実力はどのようなものでしょうか。

もちろん、進学校であるか否かなど、学校による学力の差といったものはあるでしょう。地方の格差ということもあるかもしれません。したがって、A組とB組の成績からすべてを論じることはできません。

では、日本全体の学力を分析するにはどうすればよいでしょうか。全校で一斉に試験をする、予算と時間をかければできないことはないかもしれません。しかし、相当な手間がかかりそうです。

標本調査

そのようなときに**標本調査**と呼ばれる手法が威力を発揮します。**母集団**（**population**）、この場合は日本全国の高校生を対象として、そこから無作為に**標本**（**sample**）を抽出してデータを取得します。無作為に試験を受けさせて、成績を記録するわけですね。

標本調査とその結果から母集団の性質を推測する手法については、4時限目で詳しく説明します。得られた標本のデータだけから計算される値は記述統計ですが、記述統計だけでは母集団の様子を正確に把握することはできません。

5 記述統計から推測統計へ

得られたデータの特徴を数値で示す記述統計は、それだけでも強力なツールです。平均値や中央値など、使い方に注意さえすれば、そのデータ群を十分に説明することができるでしょう。

しかし、たまたま得られたそのデータ群が本来の集団である母集団全体の性質を表しているのかどうかは、記述統計で説明することはできません。手元の標本から母集団の性質を推測する、そのようなツールが「**推測統計**」です（次ページの図）。推測統計の正しい使い方を学べば、母集団の性質をある程度は推し量ることができるのです。

● 記述統計と推測統計

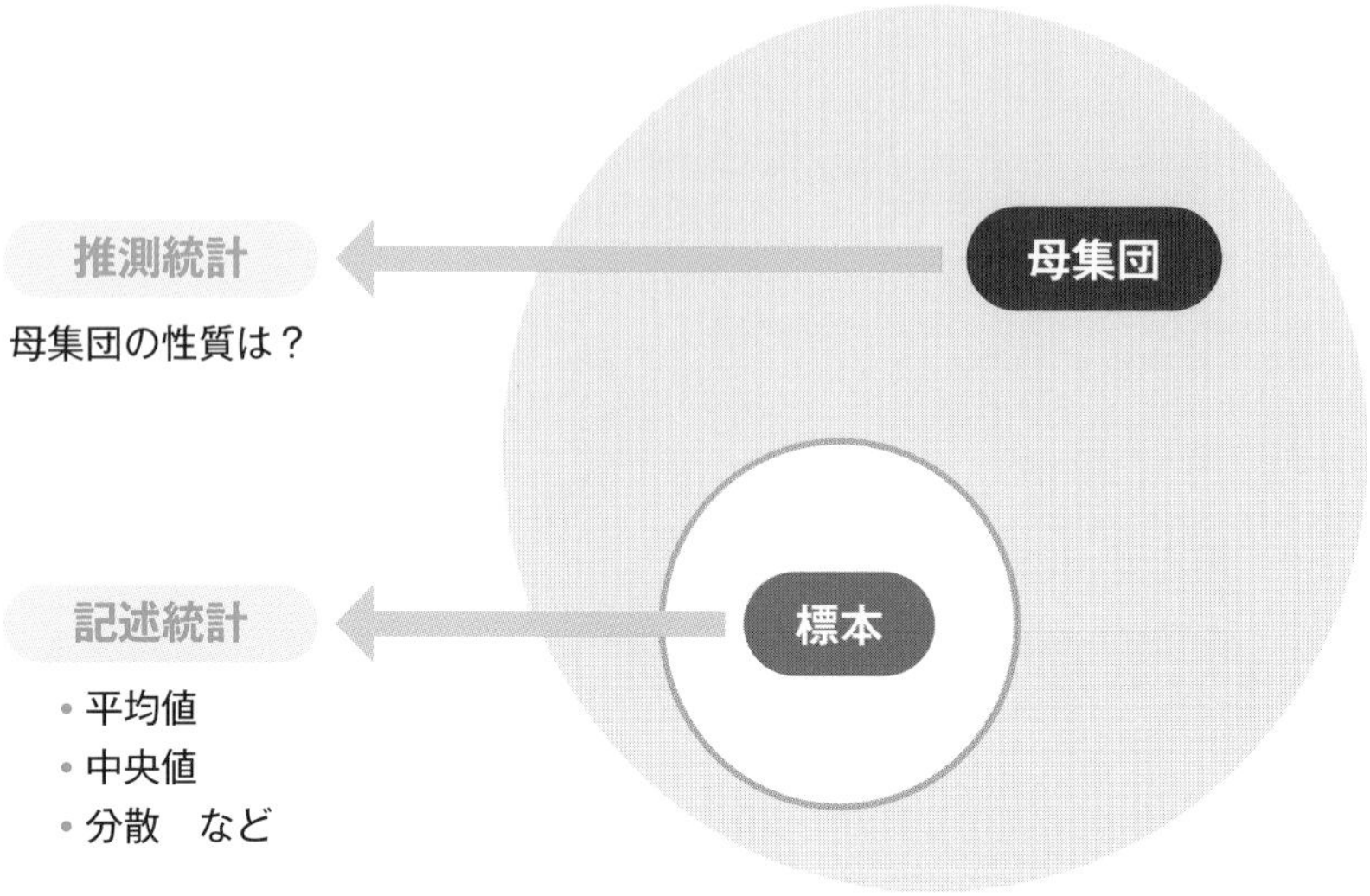
推測統計
母集団の性質は？
母集団
記述統計
・平均値
・中央値
・分散　など
標本

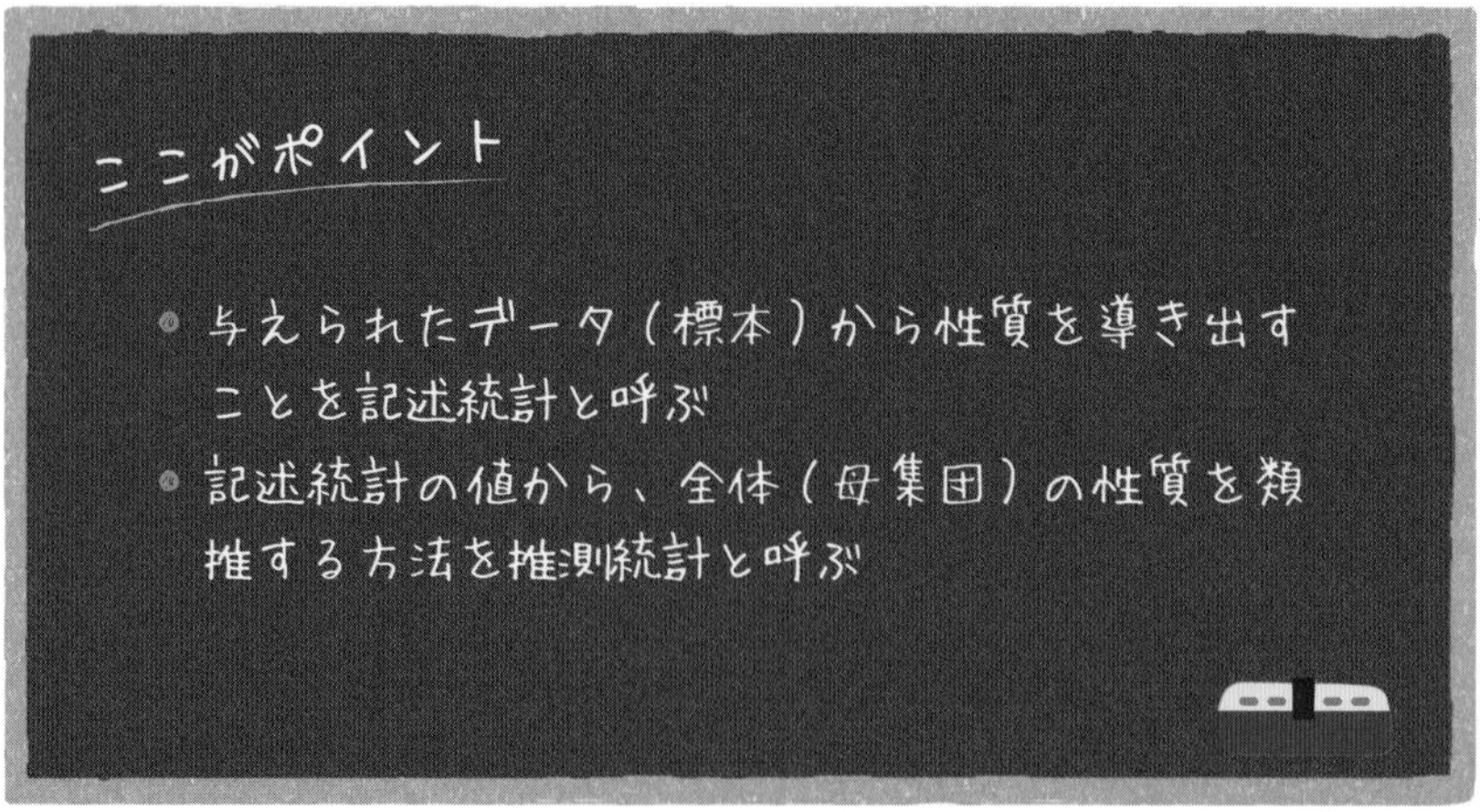
ここがポイント
・与えられたデータ（標本）から性質を導き出すことを記述統計と呼ぶ
・記述統計の値から、全体（母集団）の性質を類推する方法を推測統計と呼ぶ

3時限目
データの散らばり
（分布と分散）

データのばらつきを「分布」、その具合（数値）を「分散」といいます。データのちらばりについて学びましょう。

01 データは「ばらつく」
―データの分布を考えよう

世の中に「確実な」ものはあまりありません。世の中は不確かな出来事で満ち溢れています。2時限目では試験の成績のデータを例に考えました。100点満点の試験をしたときに確実に言えるのは「試験の成績は0点から100点の範囲の数値をとる」ということだけです。実際の点数は、生徒の理解度によってばらつきます。3時限目では「データのばらつき」について考えていきましょう。

1 「ばらつき」の違い

次ページの図を見てください。A高校の生徒1000人と、B高校の生徒1000人に対して、まったく同じ試験をしました。A高校の生徒による成績を集計し、ヒストグラムをプロットしたものが図の青で示されている部分です。

同様に、B高校の生徒による成績を集計してヒストグラムをプロットしたものが、図のグレー

● A高校とB高校における成績の分布

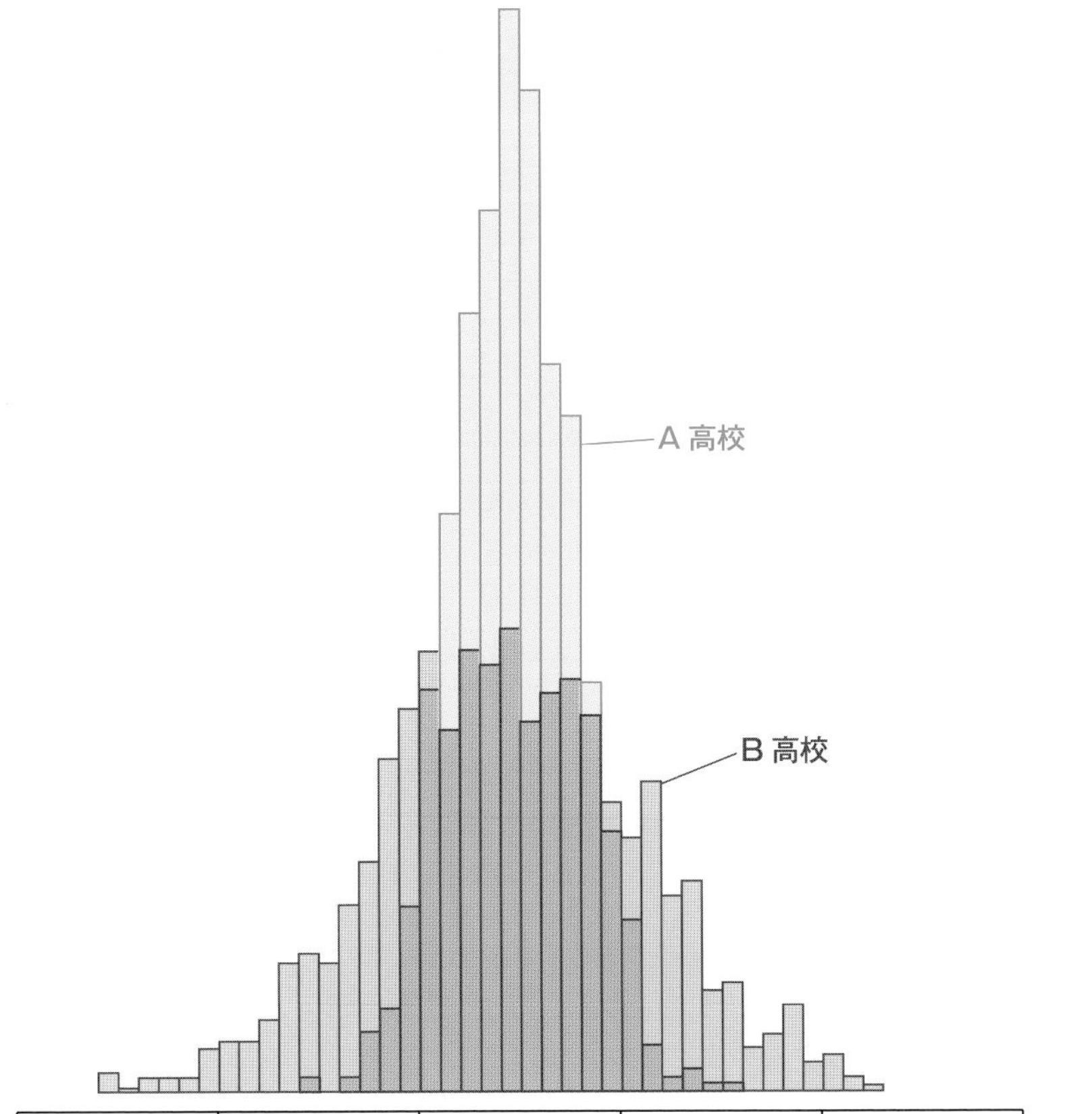

で示されている部分です。

この試験、A高校とB高校でそれぞれ成績の平均点を計算すると、A高校の平均点は49・8点、B高校の平均点は49・7点になりました。ほとんど同じと考えてよいでしょう。中央値はいずれも50点、最頻値も、図1から求めると両方とも50点のところにピークがあるので、それぞれ50点です。

これまで、集団を代表させる値として、平均値や中央値、最頻値などがあるということを考えてきました。しかし、今回の場合、それらの値はほぼ同じです。一方で、前ページの図を見れば、A高校とB高校で得られた成績をデータ群として考えたときには、何がしかの違いがあることは明らかでしょう。それぞれのデータを比較する際に、何かまた別の指標を考える必要がありそうです。

2 データの分布

前ページの図を再度眺めてください。2つのデータ群には、どのような違いがあるでしょうか。この図はヒストグラムであり、両者のデータ総数は1000人分と同じです。したがって、A高校のデータ（青のグラフ）が占める面積と、B高校のデータ（グレーのグラフ）が占める面積は等しくなるはずです。

A高校のデータは、50点前後に集中していることがわかります。一方、B高校のデータは、10

点くらいから90点くらいまで、幅広く散らばっています。すなわち、両者のデータは、散らばり具合が大きく違うと指摘できるでしょう。

データの散らばり具合のことを「**分布**」と呼びます。したがって、「A高校のデータとB高校のデータは分布が異なる」といえます。

3 分布の形

データの散らばりかた、すなわち、分布の形に着目してみましょう。

いずれも中央値（あるいは、平均値や最頻値）の50点付近を頂点として、きれいな山型をしています。A高校（青）のほうが、急峻な山ということができますね。B高校（グレー）のほうは、山の高さが低く、そのぶん、なだらかに広がっている形をしています。これは「**正規分布**」と呼ばれる分布の例です。正規分布では平均値

● **正規分布のイメージ**

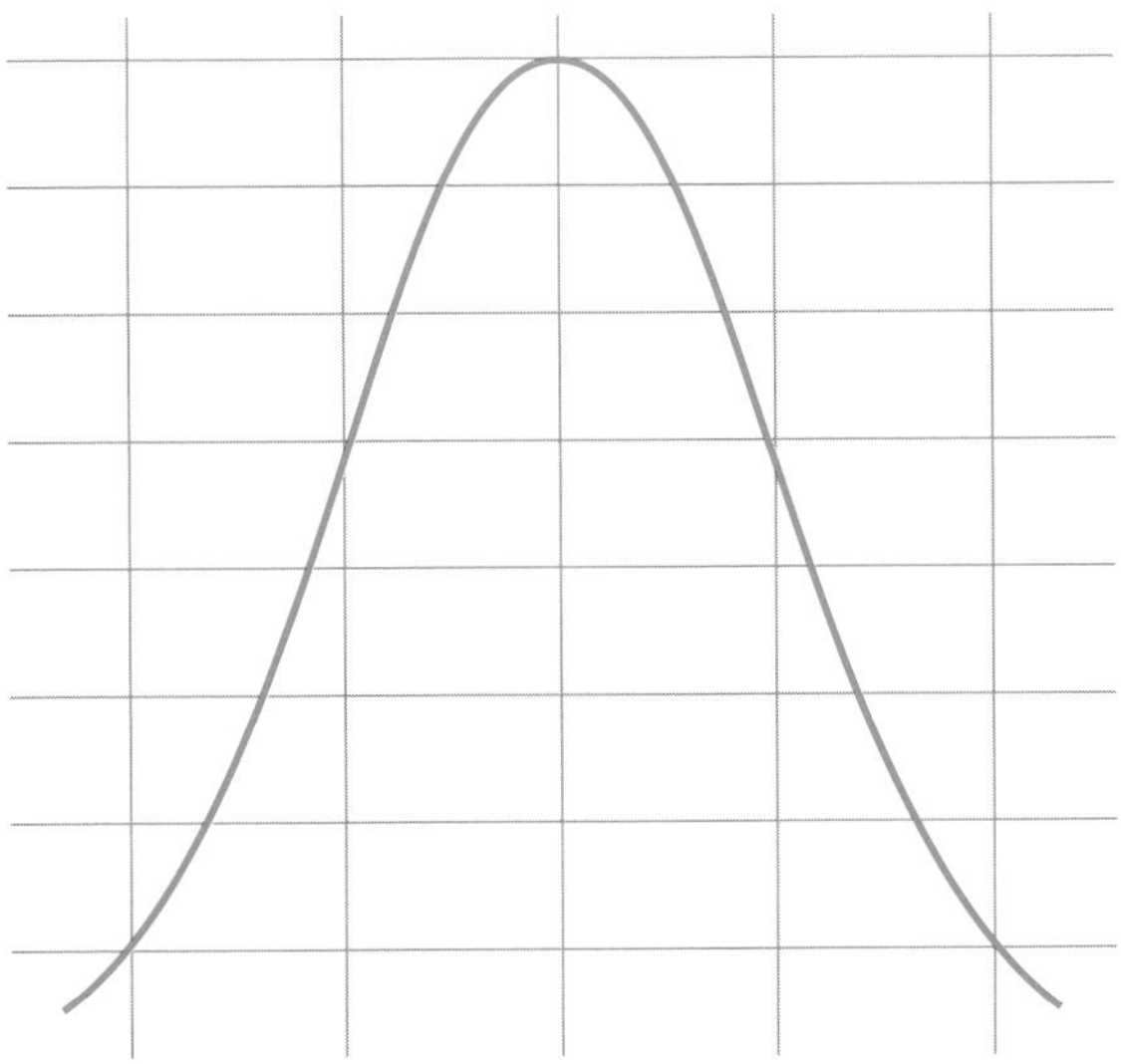

付近にデータが集中して現れています。

実は、このデータは人為的に作られたデータです。実際に試験が行われた結果ではありません。説明のために作為的に用意しました。正規分布の形を想定し、形を定める2つのパラメータを調整したうえで、コンピュータでシミュレーションして求めたデータ群です。

「正規分布とは何か」については、3時限目の後半で説明します。また、2つのパラメータは平均と分散です。平均についてはこれまで扱ってきた平均値と同じものです。分散とは何か、それは、散らばり具合を表す数値的な指標です。詳しくは次節で説明します。

ここがポイント

- データにはばらつきが生じる
- データの散らばり具合いを「分布」と呼ぶ
- 「正規分布」と呼ばれる分布では、平均値付近にデータが多く集まる

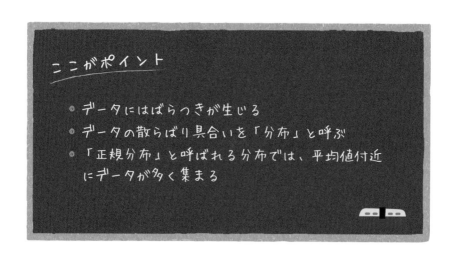

02 平均からどれだけ離れているか
―分散、標準偏差

前節では、平均値や中央値、最頻値がほとんど同じでも、データの散らばり具合がまったく異なる例を考えました。そのようなデータを比較するために「**分散**」という指標を導入します。

分散は「**各データが平均値からどれだけ離れているか**」を示す数値です。正負で相殺してしまわないように、二乗した値を考えます。その正の平方根をとったものを「**標準偏差**」と呼びます。

1 「散らばり具合」を表す指標

集団の性質を表す指標として平均値（および、中央値や最頻値）だけでは不十分です。それらの指標がほとんど同じでも、データの散らばり具合が異なると、集団としてはまったく違ったものであるという例を前節で紹介しました。

ここでは、そのような違いを数値として表すことを考えてみましょう。データの散らばり具合を、どのような数値で表せばよいでしょうか。

集団の性質を表す指標の1つに平均値がありました。ほとんどのケースでは、平均値はその集団の性質を示すのに有効な示唆を与えます。ここでは、平均値をうまく使うことを考えてみましょう。

2 「平均からの差」を指標に

ここで、まずは簡単な例で考えてみることにします。

下の表には、データセットAとデータセットBの2つのデータ群が示されています。どちらも、5つの数値からなるデータを含んでいます。平均値はいずれも5・0です。計算して、確かめてみてください。

さて、ここで、散らばり具合の指標を考えます。平均値をμとして、各データが平均からどれだけズレているか、すなわち「平均値との差分」を考えることにしましょう。例えば、データセットAの1の場合は数値が1なので、平均が5・0の場合は平均との差分は4となります。

● データの散らばり具合を調べるための例

	データセットA	データセットB
1	1	3
2	3	4
3	5	5
4	7	6
5	9	7
平均値	5.0	5.0

この際、散らばり具合の指標がデータの個数に左右されないようにするために、「平均との差の平均値」を考えることにします。その値を$\hat{x}$とし、下の式で定義します（指標1）。x_kはそれぞれのデータを表し、nはデータの個数です。この場合は5ですね。

3 指標1の問題点

しかし、この式に従って、データセットAとデータセットBそれぞれで指標1を計算したところ、いずれも0・0になってしまいました。データセットAとデータセットBでは、明らかに散らばり具合が異なります。しかし、指標1の値は同じになってしまい、具合がよくありません。

実は、指標1には大きな欠陥があるのです。指標1では、データの散らばり具合を考えるのに「**平均値との単純な差**」を考えていました。その指標の計算では、正負をまったく考えていません。平均値は、多くの場合でデータの中心部分にほぼ位置します。

したがって、平均値より小さいデータでは平均値からの差はプラスの値になる一方で、平均値より大きいデータでは平均値からの差はマイナスの値になります。その結果をすべてを単純に合計すると、正負が相殺されて意味の

● **平均との差分を求める式（指標1）**

$$\hat{x} = \frac{1}{n}\sum_{k=1}^{n}(x_k - \mu)$$

ない数値になってしまうのです。

4 分散

そこで、指標1を修正することにしましょう。指標2として$\hat{x}$を下の式で定義しなおします。指標1との違いは**「差分を2乗している」**ところです。差分の2乗について、その平均値を計算しています。

2乗しているので、小さいほうに振れようが、大きいほうに振れようが、いずれもズレは正の値になります。したがって、その方向によらず、散らばれば散らばるほど、この値は大きくなるはずです。

次ページの表に、指標2の計算結果を示しました。散らばり具合の小さい

● 指標1の問題点

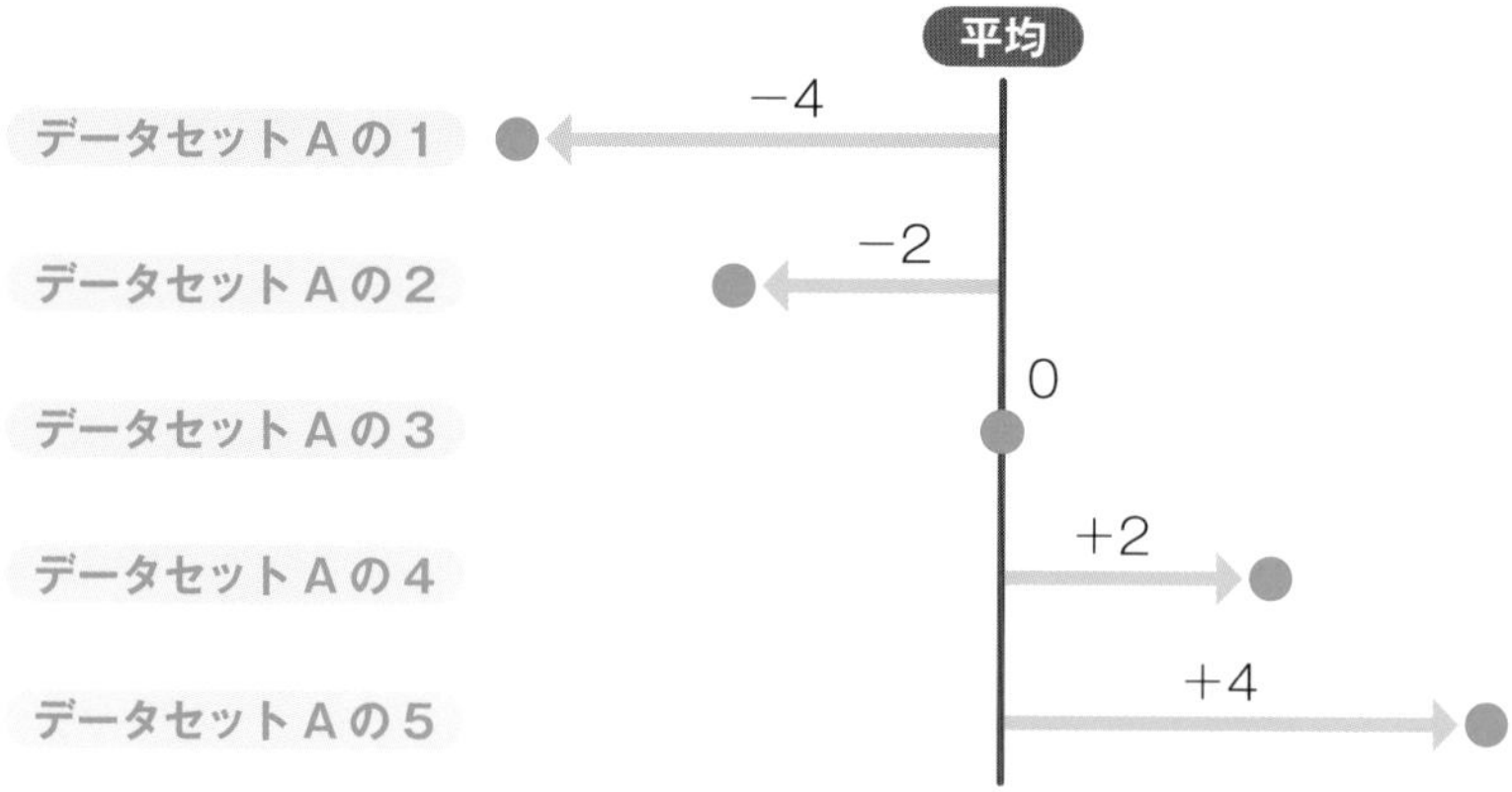

● 平均との差分を求める式（指標2）

$$\hat{x} = \frac{1}{n}\sum_{k=1}^{n}(x_k - \mu)^2$$

データセットは2・0と小さな値で、散らばり具合の大きいデータセットAは8・0と大きな値になっていることがわかります。

この指標のことを「**分散**」といいます。分散は、平均値との差分を2乗した値の平均として求めた値です。

5 分散と標準偏差

ところで、分散を計算するにあたり、正負で相殺しないように2乗するという操作を加えました。その結果、ズレが打ち消しあって意味のない数値になるようなことはなくなりましたが、この手法では**大きなズレはより大きく、小さなズレはより小さくなります**。また、データの単位を考えたときに単位も2乗されてしまうので、単純な比較ができなくなってしまうという問題も生じます。

● データセットA・Bの指標1、指標2

	データセットA	データセットB
1	1	3
2	3	4
3	5	5
4	7	6
5	9	7
平均値	5.0	5.0
指標1	0.0	0.0
指標2	**8.0**	**2.0**

分散の値の平方根「標準偏差」

そこで、分散の値の平方根を考えることもあります。負の平方根を考えてもしょうがないので、正の平方根を扱います。その値を「**標準偏差**」と呼びます。標準偏差の値を考えれば、データがどれだけ散らばっているかを直感的に取り扱うことができるようになります。

「**わざわざ2乗しなくても、絶対値をとればよいのでは**」と疑問に思う人もいるでしょう。その指摘はもっともです。しかし数学では、絶対値の計算より2乗の計算のほうが自然な計算として取り扱うことができるので、後でいろいろな計算をするときに都合がよいように、分散を計算する際には2乗を用いて正の値にしているのです。

ここがポイント

- 各データが平均値からどれだけ離れているかを示す指標に「分散」と「標準偏差」がある
- 平均値からの差の平均値を単純に求めると 0 になるので、2乗した値の平均値を分散と呼ぶ
- 分散の値の正の平方根を標準偏差と呼ぶ

Column 4

なぜ２乗なのか

前節で解説したように、分散は差分の総和ではなく差分の２乗をとってその総和を求めます。その理由は、差分の総和をとってしまうとプラスの誤差とマイナスの誤差が打ち消し合ってしまい、ものすごく誤差のあるブレブレなデータだったとしても辻褄が合ってしまい、誤差がまったくないように見えてしまう恐れがあるから、ということでした。

「２乗ではなく絶対値でよいのではないか」という代替案も示しましたが、数学では絶対値よりも２乗のほうが都合がよいと説明しました。絶対値よりも２乗のほうが、なぜ扱いやすいといえるのでしょうか。

いくつか理由は考えられますが、もっとも大きな理由は、「絶対値のグラフは原点で滑らかではない」というところでしょうか。

$y = |x|$ というグラフを考えてみましょう。xの値がマイナスのとき$y = -x$ です。また、ｘの値がプラスのときは$y = x$ です。原点でこの２つの直線は繋がりますが、そこで「カクっと」折れ曲がっています。$y = |x|$ を微分すると、xの値がマイナスのとき、$y' = -1$、xの値がプラスのときは、$y' = 1$です。この２つの直線は原点で不連続です。このような挙動を示す関数は、いろいろといじくり回したいときには場合分けで考えないといけないので、都合があまりよくないのです。

一方で$y = x^2$のグラフは、皆さんご存知のとおり原点を頂点とする放物線です。その式を微分すると$y' = 2x$ となり、傾きの変化量は連続する直線として表されます。したがって、こちらのほうが使い勝手がよいということになるわけです。

● $y = |x|$

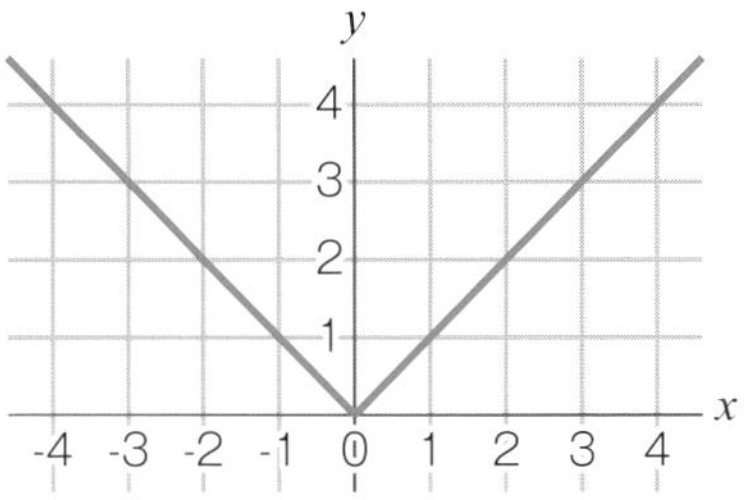

● $y = x^2$

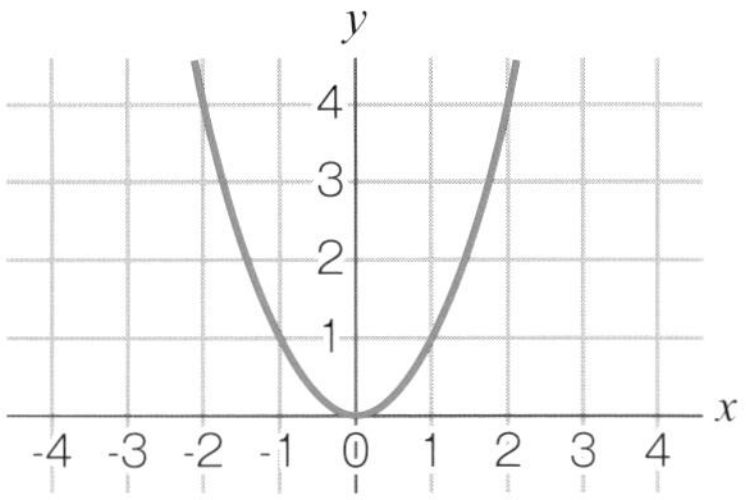

03 サイコロの目は何が出る？
―「確率」の考え方

1 不確かな出来事がどの程度起きるか

集団を代表させる値として、平均や分散などの数値を見てきました。データの散らばり方を示す分散も記述統計量の1つです。これらは、データが与えられたときに計算される数値です。推測統計の話に進む前に、確からしさをどう測るかという概念について考えておきましょう。

「**確からしさを数値化するもの**」、それが「**確率**」という考え方です。

2 サイコロの目は投げてみないとわからない

まずは言葉の定義から始めましょう。「サイコロを投げると1から6までのいずれかの目が1つ出る、そして、どの目が出るかは、サイコロを投げてみないとわからない」……これは認めてよいですね。そのサイコロにイカサマな仕掛けがしていない限り、あるいは狸が化けているサイコロ（落語の「狸さい」）でもない限り、1から6の目のうちどれが出るかは投げてみないと誰にもわかりません。

「試行」と「事象」

このように、やってみなければ結果がわからないような動作や操作のことを「**試行**」と呼びます。そして、試行の結果に起きることを「**事象**」といいます。「サイコロを1つ投げてみたら3の目が出た」という状況を格好良く言うと、「サイコロを投げる試行をしたら3の目が出る事象が発生した」となります。事象のことを「**確率事象**」と呼ぶこともあります。

3 さまざまな「事象」

事象について、もう少し考えていきます。ある事象Aと別の事象Bのいずれかが起きること、これを$A \cup B$（「AカップB」あるいは「AまたはB」）と表し「**和事象**」と呼びます。

サイコロの例で「奇数の目が出るか、または3以下の目が出る」という状況を考えてみましょう。事象Aを「奇数の目が出る」、事象Bを「3以下の目が出る」とすれば、この事象は$A \cup B$と表せます。具体的な目の例で示せば「1、2、3、5のいずれかの目が出る」ということになりますね。

一方、ある事象Aと別の事象Bが同時に起こること、これを$A \cap B$（「AキャップB」あるいは「AかつB」）と表し「**積事象**」と呼びます。先の例で考えれば$A \cap B$は「奇数かつ3以下の目が出る」すなわち「1か3の目が出る」という状況です。

同時に起こりえない事象「排反」

積事象が起こり得ないような状況、つまり、ある試行に対して事象Aと事象Bが同時に発生することはない、という状況のことを、AとBは「互いに**排反**である」といいます。サイコロの例で示すと、1回の試行で「奇数の目が出る」という事象Aと、「偶数の目が出る」という事象Bが、同時に起こることは絶対にあり得ません。したがってAとBは排反であるといえます。

さらに、ある事象Aが起こらない事象のことを「**余事象**」と呼び、$\neg A$と書きます。事象Aと$\neg A$の和事象$A \cup \neg A$は、必ず起きる事象なので「**全事象**」と呼びます。事象Aと$\neg A$は排反です。$A \cap \neg A$は絶対に起きない事象なので「**空事象**」と呼びます。

4 確からしさの数値化

さて、いよいよ「確率」の概念を導入しましょう。同じ条件でN回試行し、事象Aが起きた回数を$n(A)$とします。そのとき、事象Aが起こる確率$P(A)$を、次ページの上の式で定義します。

この意味は、「試行を無限回実施したときに事象Aが起こる回数の、全試行回数に対する割合」

● 試行と事象

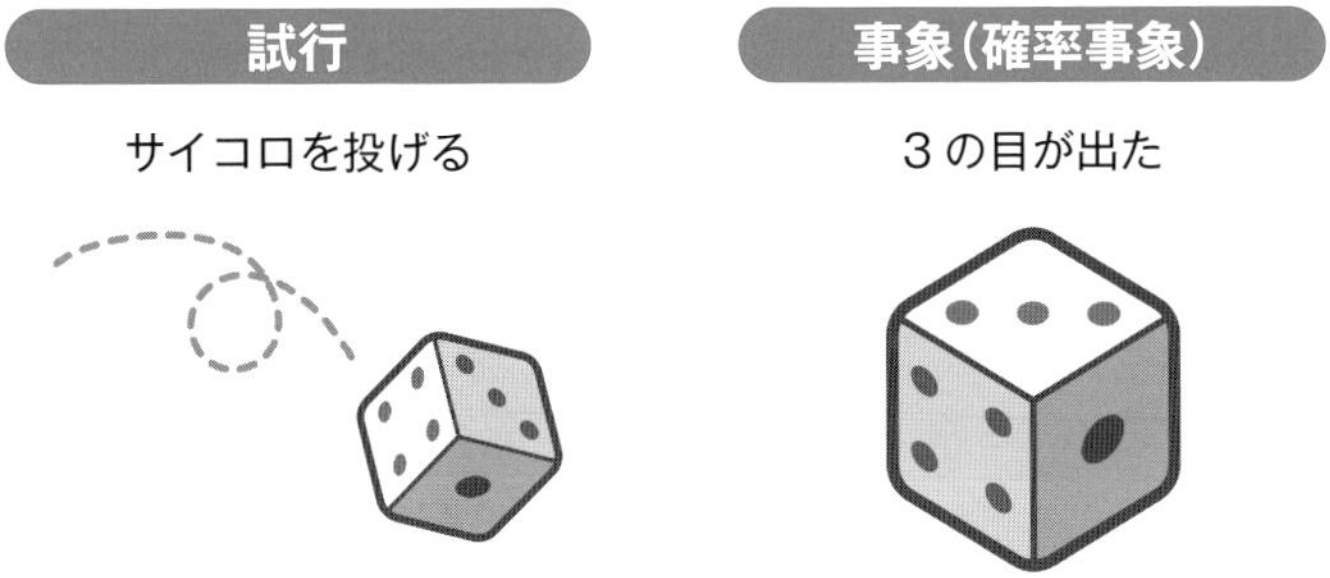
試行
サイコロを投げる
事象（確率事象）
3の目が出た

● 和事象（A∪B）

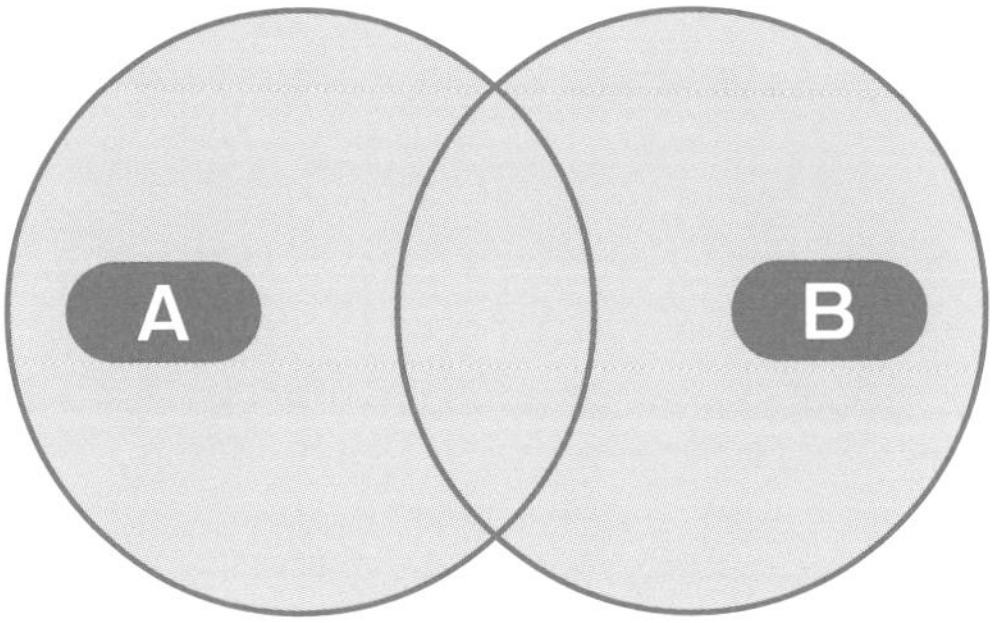
A
B

● 積事象（A∩B）

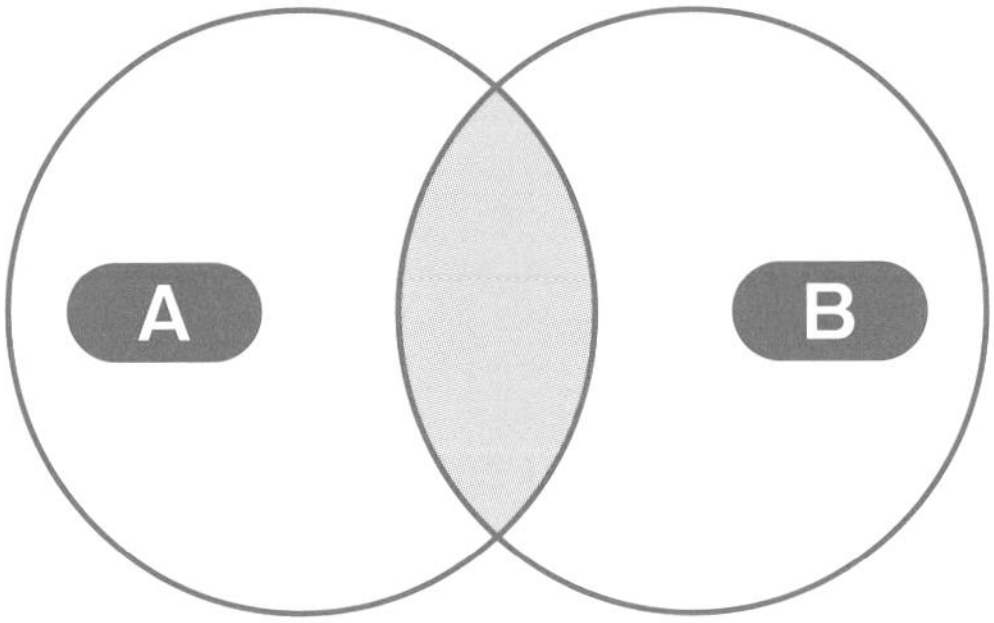
A
B

と捉えることができます。このような確率の定義を「**経験的確率**」あるいは「**統計的確率**」などと呼ぶことがあります。もちろん、無限回の試行は現実には実現できないので、Nを十分に大きくとったとき、すなわち「たくさん試行したとき」を考えます。

5 確率の性質

$n(A)$はN回試行したときに事象Aが起きた回数なので、0以上N以下です。したがって、それをNで割った数値が$P(A)$なので、確率の性質として本ページ下の式が当てはまることはすぐに理解できるでしょう。

また、全事象は必ず起きるのでその確率は1、空事象は必ず起きないのでその確率は0です。

積事象と和事象の確率

積事象と和事象の確率はどうなるでしょうか。事象Aと事象Bが排反なとき、$A\cap B$は空事象（同時に起きない）となるので$P(A\cap B)=0$です。また、同時に起こることがないということか

● 無限回試行した場合に事象Aが起きる割合

$$P(A)=\lim_{N\to\infty}\frac{n(A)}{N}$$

● 事象Aが起きる割合は0以上1以下

$$0\leq P(A)=\frac{n(A)}{N}\leq 1=\frac{N}{N}$$

ら、和事象の起こる回数$n(A\cup B)$は、$n(A)$と$n(B)$の和で表されます。したがって、$P(A\cup B)$は下の式で計算できます。

このことから、確率の性質に関して、下の式で表される重要な性質が導かれます。事象Aとその余事象が排反であった場合、余事象が起きる確率は、1から事象Aが起きる確率を引いたものになります。

Uは全事象を表します。ある事象とその余事象は排反で、それらの和事象は全事象になるので、その確率は1です。すなわち、余事象$\neg A$の確率$P(\neg A)$は、1から確率$P(A)$を引いたものとなるのです。

6 条件付き確率と独立

$P(A\cap B)$を考えるときに、事象Aが発生したときに事象Bが同時に発生したと考えます。

事象Aの発生を前提として、そのときに事象Bが発生する確率を「**条件付き確率**」と呼び、$P(B|A)$と書きます。$P(A\cap B)$と$P(A)$、$P(A\cap B)$の間には、次ページ上の式の関係が

● **和事象が起きる確率**

$$P(A\cup B)=\frac{n(A\cup B)}{N}=\frac{n(A)}{N}+\frac{n(B)}{N}=P(A)+P(B)$$

● **排反である事象Aと Aの余事象の確率の合計は1**

$$P(A\cup\neg A)=P(A)+P(\neg A)=P(U)=1$$

あります。

独立する事象が同時に起きる確率

複数の事象が発生するときに、それぞれが互いに影響を及ぼさないことを「**独立**」といいます。(インチキのない)サイコロの目の出方は独立しています。1の目がたまたま連続して出たからといって、次の目として1以外が出る可能性が高くなるということはありません。

2つの事象Aと事象Bが独立のとき、Aが起きようが起きまいがBの発生には影響しないので、$P(B|A) = P(B)$です。このことから、独立する事象が同時に起こる確率はそれぞれの確率の積で表されるという重要な式が導かれます。

● 条件付き確率

$$P(A \cap B) = P(A)\,P(B|A)$$

● 独立する事象が同時に起きる確率は、それぞれの確率の積になる

$$P(A \cap B) = P(A)\,P(B)$$

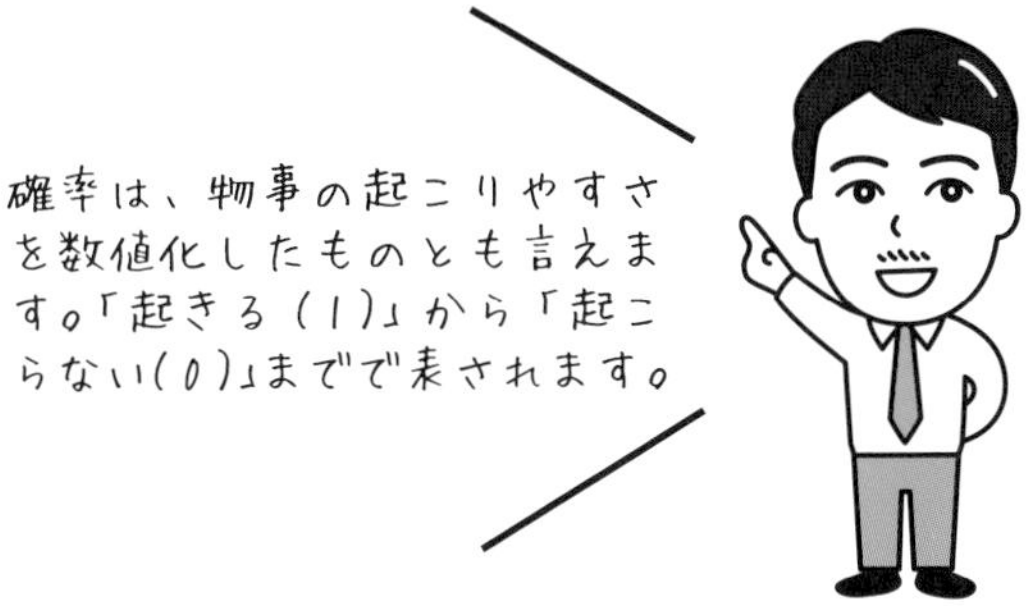
確率は、物事の起こりやすさを数値化したものとも言えます。「起きる（1）」から「起こらない（0）」までで表されます。

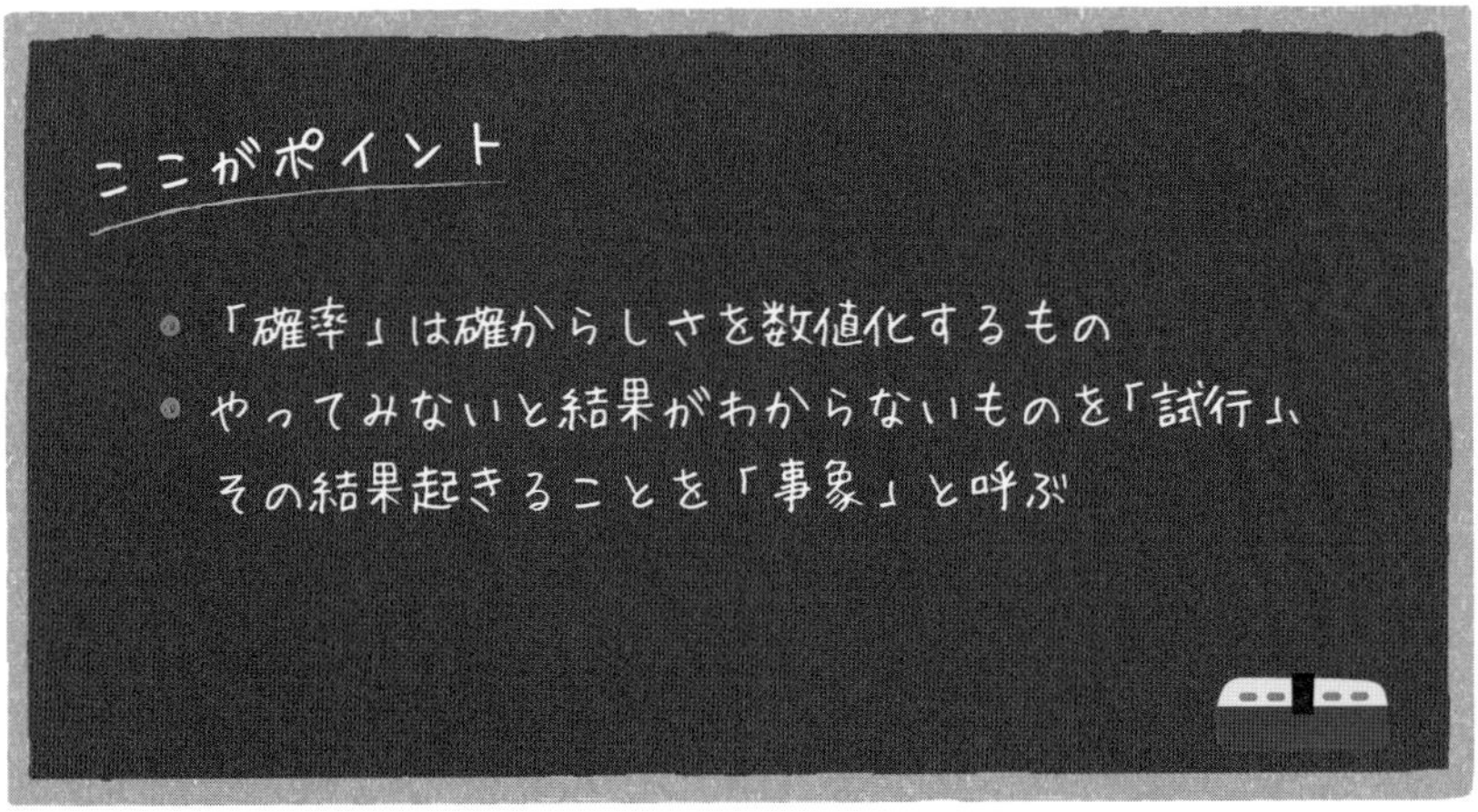
ここがポイント
●「確率」は確からしさを数値化するもの
●やってみないと結果がわからないものを「試行」、その結果起きることを「事象」と呼ぶ

04 サイコロを転がして出る目を数値として捉える
──確率変数と確率分布

1 不確かさで変わる数値（確率変数）と散らばり具合（確率分布）

ここでは、数値データをとる事象の値を「**変数**」として扱うことについて解説します。数値データが確率的に観測される変数を「**確率変数**」といいます。さらに、確率変数がとり得る値の分布を「**確率分布**」といいます。分布についてはすでに解説しましたが、確率の文脈でどのように扱われるかを理解しましょう。

2 確率変数

ある事象を数値として表してみましょう。例えば、サイコロを転がすという試行を想定します。この試行によって、1の目から6の目のうちどの目が出るかは事前にはわかりません。

ここで出た目を「数値」として考え、変数Xとします。この変数Xには、サイコロを転がす試行で出た目を数値として格納されるものとします。つまり、変数Xの値として1から6のいずれかが考えられるということですね。

このように、ある事象に対して数値が定まり、その数値を示す変数を考えるとき、その変数のことを「**確率変数**」と呼びます。

3 確率変数の例

例としてサイコロの試行を挙げましたが、確率変数のもっと複雑な事例はいくらでも考えられます。

目の前を歩く人を捕まえてきて、身長を測りましょう。その結果をY㎝とすると、それも立派な確率変数です。大きな人が歩いてくるか、小さな人が歩いてくるか、事前にそれはわかりません。身長を計測してみないとわからず、測った結果は数値として表されます。したがって変数Yは確率変数といえます。

何らかの事象に紐付いて配当金が与えられるようなケースがあるとします。競馬は代表的な例ですね。一着の馬を当てるとオッズに応じてお金がもらえます。どの馬が一着になるかは事前にはわかりません。そして配当金も数字で表されます。確率変数の要件は満たしています。

4 確率変数のとり得る値

確率変数がとり得る値のことを「**実現値**」といいます。サイコロの例では実現値は「1」から「6」までのいずれかの整数です。サイコロにはその6つの数値（正確にはその数値を表す記号）しか刻まれていないので、サイコロを転がすという事象に対してその実現値は6個の数値が対応します。

なお、確率変数に四則演算など数値的な操作を施したものも、確率変数になるということに注意しておきましょう。例えば「今年の夏のボーナスはサイコロの出た目を10万倍した金額である」などといった場合、その賞与の金額はやはり確率変数です。この性質は後の解説で利用します。

5 確率分布

ある確率変数に対して、実現値とその事象が起きる確率を対応させる関係のことを「**確率分布**」と呼びます。確率分布は、それぞれの実現値に対して確率を対応付けたものともいえます。

次ページの表は、サイコロを振る試行で得られる確率変数Xに関する確率分布を定めています。

別のサイコロを持ってきて、そのサイコロを転がしたときの目を確率変数Zとします。そのサイコロもイカサマではないならば、この表で定められる確率分布に基づいて確率変数Zの値は定まるでしょう。

そのような状況、すなわちある確率分布に基づいて確率変数が実現値をとるとき、その確率変数はその確率分布に「**従う**」といいます。

6 離散データと連続データ

サイコロの実現値は6つしかないので比較的単純です。しかし、競馬の場合はどうでしょうか。

9頭立てのレースで1着になる馬番を確率変数として考えてみましょう。その実現値は1から9までの9個です。これも簡単ですね。

配当金はどうでしょう。それはオッズに依存して変わります。実現値はどうなるでしょうか。列挙することはできるでしょうか。ちょっと難しそうですね。

先ほど例に挙げた、身長の場合はどうでしょうか。行き交う人を適当に捕まえてきて身長を測ったときの確率変数Yがとり得る値、実現値は想定できるでしょうか。

● サイコロを振る試行で得られる確率変数 X に関する確率分布

事　象	確率変数 X の値	その目が出る確率
1の目が出る	1	1/6
2の目が出る	2	1/6
3の目が出る	3	1/6
4の目が出る	4	1/6
5の目が出る	5	1/6
6の目が出る	6	1/6

これも難しそうですね。１５０㎝から２００㎝の間だけに限定することを考えてみたとしても、整数でいいでしょうか。小数点何桁まで正確に測ることができそうでしょうか。

飛び飛びの値をとるような数値データ、つまり離散的なデータであって、かつ範囲が限定されているようなものであれば、実現値を列挙することができそうです。そのときは、先に挙げた表のようなものを用意すれば、確率分布を定義することができます。

確率変数が実数をとるようなケースではどうでしょう。もしくは、整数であっても上限（または下限、あるいはその両方）が定まらないようなケースはどうなるでしょうか。

身長のケースは前者、競馬の配当金のケースは後者に相当します。このようなケースでは、前ページのような表を作ることができません。このような問題に対する回答に「確率密度関数」の導入があります。次節で解説します。

ここがポイント

- 数値データが確率的に観測される変数を「確率変数」といい、確率変数がとり得る値の分布を「確率分布」という
- 確率変数がとり得る値のことを「実現値」という

05 秒針が頂点を指している確率は？
──確率密度関数

1 連続的な実現値の取り扱い

前節で、確率変数とそれがとり得る値である実現値の対応関係を「確率分布」と呼ぶと説明しました。離散的で数え上げることができるデータについては、表を書いて確率分布を示すことができます。

一方、実数の値をとるような、連続的で数え上げることができないような実現値をとる確率変数の場合は、確率分布をどのように考えたらよいでしょうか。ここでは、その疑問に対する回答として「**確率密度関数**」を導入します。

2 離散データの場合

まずは**離散データ**です。時計を例に考えてみます。デジタル時計で、秒まで表示されている状況を考えてください（下の図）。適当なタイミングで時刻を見てみましょう。そのとき、何秒を指しているでしょう。無作為なタイミングでデジタル時計を確認したとき、秒の表示がちょうど「00」になっている確率は、はたしてどのくらいでしょうか。独立した試行である必要があるので、あくまで無作為に試行した状況を想定します。

　無作為な試行であれば、その答えは簡単です。デジタル時計の2桁による秒の表示は「00」から「59」までの60パターンあり、それぞれがすべて1秒ごとに正確に表示されています。したがって、何の意図もなく無作為に秒を確認したのであれば、その確率は1／60となるでしょう。

● デジタル時計で「秒」の単位が「00」を示す確率

次にアナログ時計の場合を考えます。同様に、適当なタイミングでアナログ時計を見てみましょう。秒針が、ちょうど12時の位置、真上を指している状態になっている確率はどのくらいでしょうか。

秒針が秒単位で動く（秒針がコチコチと秒を刻む）ステップ秒針の場合は、さきほどのデジタル時計の場合と同じです。表現が2桁の数値から、秒刻み（分刻み）の針の動きに変わっただけです。無作為に確認したのであれば、秒針がちょうど真上を指している確率は、1／60です。

3 連続データの場合

一方、秒針がなめらかに移動する連続秒針のアナログ時計の場合はどうでしょうか。真上を指している瞬間を、どう捉えればよいでしょう。「確認できた」と思ったら、次の瞬間には針はすぐにズレてしまっています。このようなものを**連続データ**と呼び

● **連続秒針のアナログ時計で秒針が真上を示す確率**

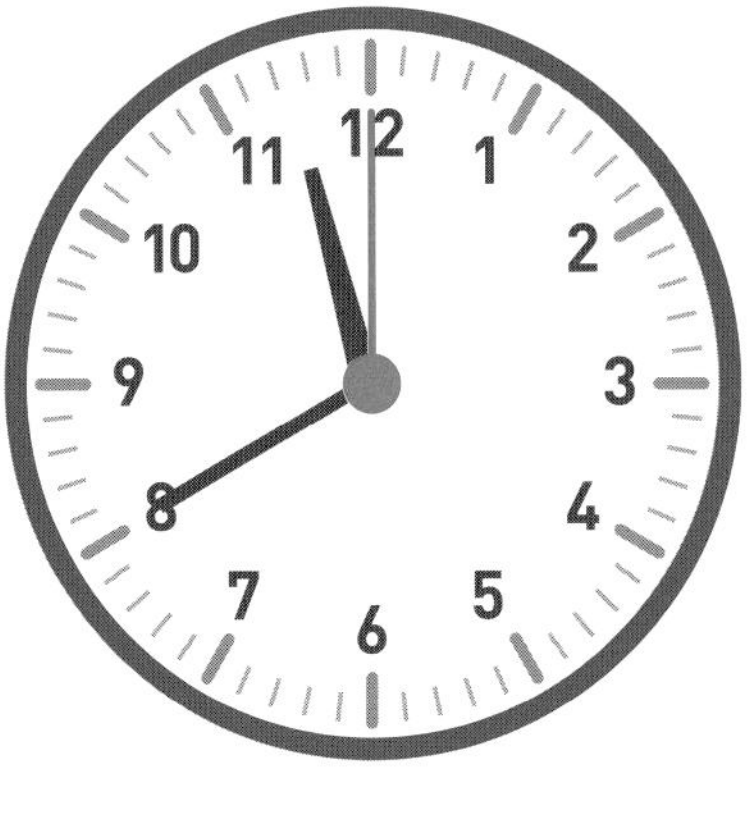

ます。

瞬間を捉えるのは難しい

「飛んでいる矢は止まっている」あるいは「ゆっくり歩く亀に後ろから走ってきたアキレスは永遠に追いつくことができない」といった、時間に関するパラドックスをご存知でしょうか（115ページのコラム参照）。いずれも、「その瞬間」をどう捉えるかというところで論理的な不整合が出てくるように見えるという問題ですが、この問題も、似たような状況に陥っていそうです。

4 連続データは範囲で考える

連続秒針の時計で同じことを考えるにはどうすればよいでしょうか。その答えを考えるうえで、ステップ秒針の時計で「秒針がちょうど真上を指している瞬間」は「00」秒台であるというところにヒントがあります。

連続秒針の時計で真上を通り過ぎた瞬間は、00.000…秒ということですね。そして、1秒の刻みに至る間は、00秒の時を刻んでいることに相当します。そこで、少し見かたを変えて、**「連続秒針の時計が00秒台を刻んでいる状況」を確認できる確率**、と考えてみればどうでしょうか。

5 確率密度関数

そこで、**確率密度関数**という概念を導入します。連続する範囲において、その瞬間、その瞬間ではどのくらいの確率（のもと）になるかを想定し、範囲を考えることで確率を計算できるようにしようという考え方です。この「確率のもと」になる値のことを、**確率密度**と呼びます。

秒針が[0, 1]という区間に入っている確率を事象Xとすると、事象Xを観測できるのは60秒のうちの1秒間なので、1／60となるはずです。これを積分で表します。時刻tに対して確率密度関数を$f(t)$とすると、事象Xを観測する確率は下の式で計算されます。

全事象の確率は1でした。すなわち、0秒から60秒までのどこかに秒針が入るという確率は1です。したがって区間[0, 60]で積分すると、その値は1です。また、連続秒針のスピードは一定、すなわちどの秒の区間をとっても確率密度は一定になるはずです。したがって、連続秒針で考えると、次ページの上図のような確率密度関数を描くことができるのです。

● 連続秒針の時計で秒針が真上を指す確率の式

$$\Pr(X) = \int_0^1 f(t)\,dt$$

● 確率密度関数

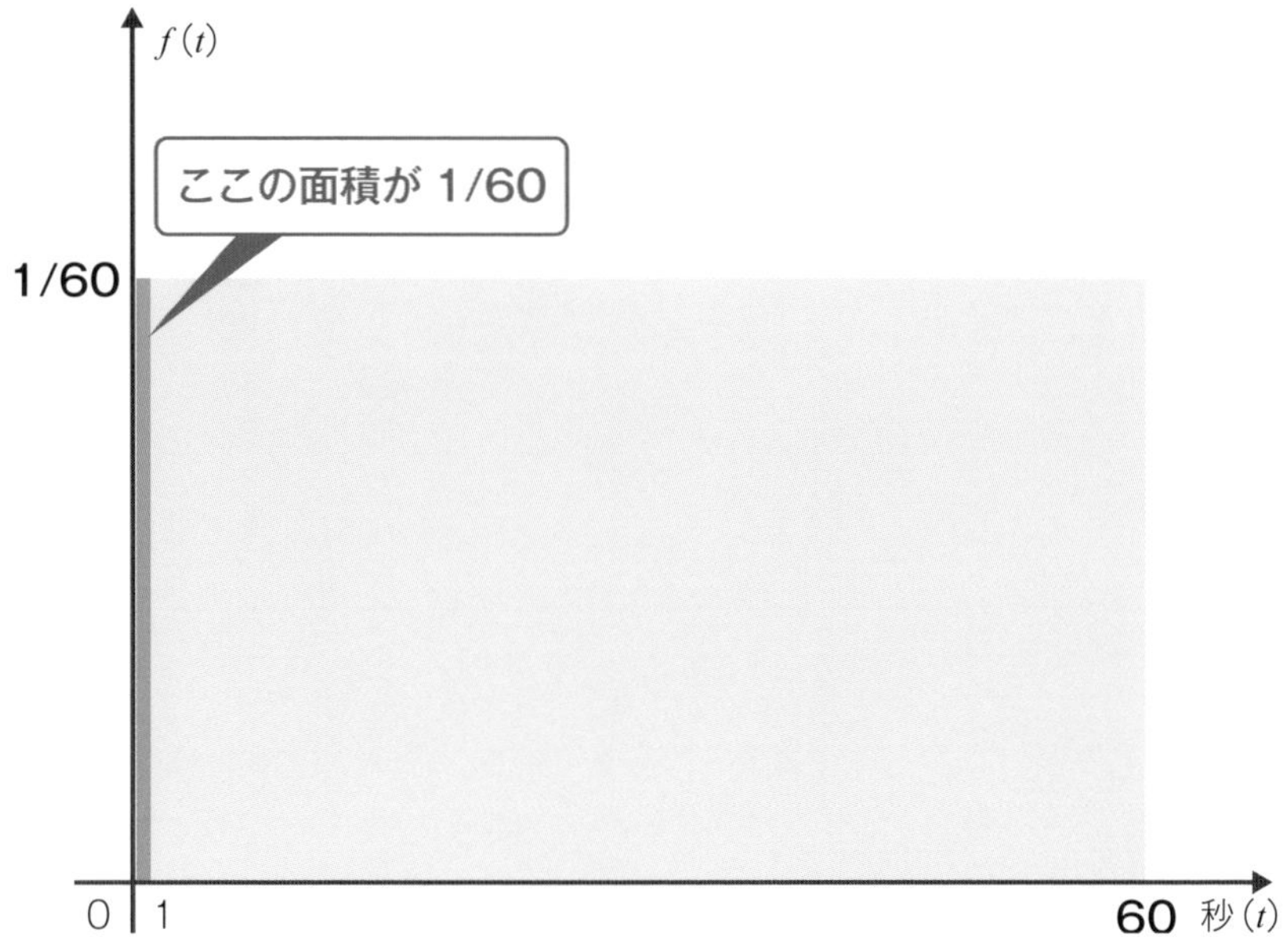

ここがポイント

- 連続的な実現値をとる確率変数の場合、確率分布は確率密度関数を利用して考える
- 連続データの場合は範囲で捉える

Column 5

アキレスと亀のパラドックスとマルチ商法

アキレスと亀のパラドックスと、マルチ商法や無限連鎖講に、何の関係があるのかと、不思議に思われるかもしれません。しかし、いずれも「観測する単位や前提条件を適切に設定していない」という点で似ています。

まず前者をよく考えてみましょう。アキレスが亀に追いつこうとしている状況を考えるときに、次の瞬間、次の瞬間とどんどんと近づいています。しかし、次の瞬間までの時間が細かくなり、追いつくまでには無限小の時間を考えてしまっているところがパラドックスの原因になっているのです。無限に小さくなっていくことさえ取っ払ってしまえば、アキレスはすぐに亀に追いつき、追い越していくでしょう。

一方の無限連鎖講です。このシステムは、倍々で増えていく子孫から少しずつ吸い上げていく仕組みなので、親➡子➡孫と無限に階層を作ることができれば、皆が幸せになれるかもしません。しかし残念ながら、社会の構成員には数に限りがあります。ここにアキレスと亀に似た「前提条件の無視」が認められます。

仮に、地球上の人類が全員参加したとしても、必ずどこかで破綻します。そして、最初に始めた幹部だけが甘い汁を吸うことができる、という仕組みになっているのです。

● **アキレスと亀**

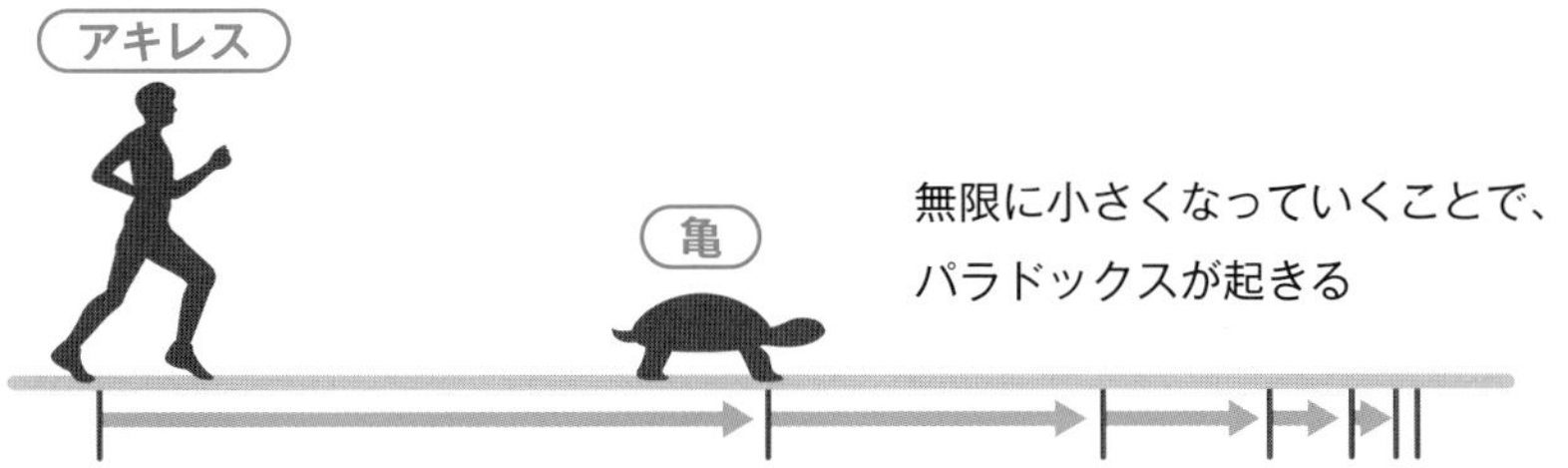

● **無限連鎖講**

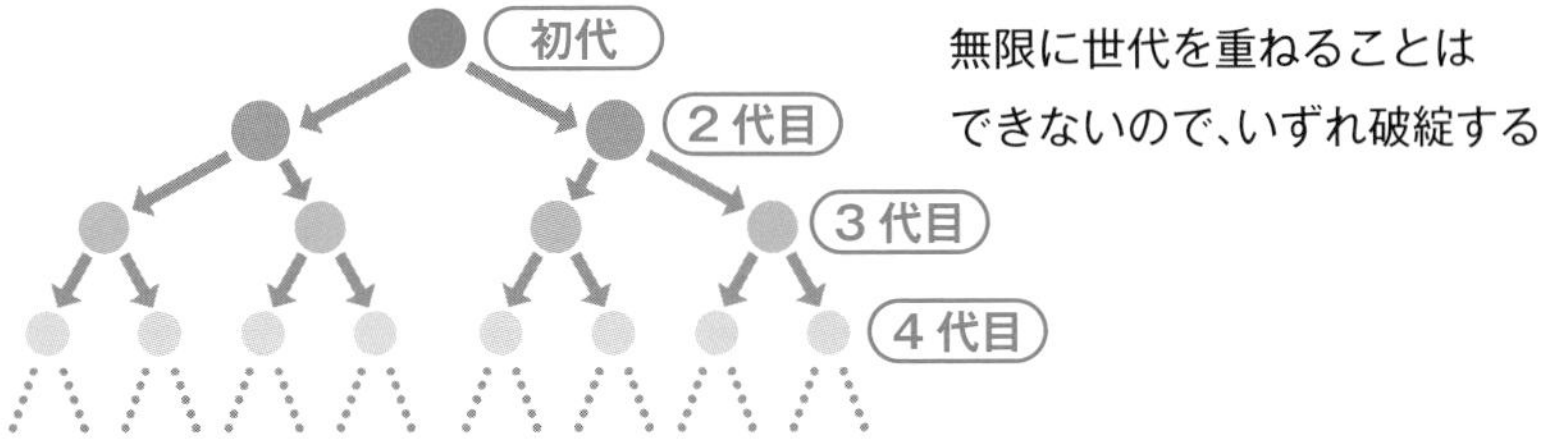

06 分布の形
―さまざまな確率分布

連続的な実現値をとる確率変数は、確率密度関数を用いて確率分布を考えればよいということを学びました。確率密度関数にはどのようなものがあるでしょうか。ここでは、いくつかの代表的な確率分布を紹介します。実際のデータを分析するときは、確率変数の性質を考えて、適切な確率分布を適用することが大切です。

1 一様分布

前節で示した確率密度関数は、0秒から60秒までの区間で定義され、その値は$f(t)=1/60$で一定でした。このように、**確率密度関数が一定の値をとるような分布**のことを「**一様分布**」といいます。

連続的な分布だけでなく、離散的な確率分布の場合でも、一様分布になることがあります。離散的な一様分布と連続的な一様分布を区別するために、連続的な一様分布のことを**連続一様分布**

ということもあります。

離散的な一様分布の代表例は、サイコロを振ったときの出た目に関する確率です。104ページで示したサイコロを振るという試行で得られる確率変数Xに関する確率分布を振り返ってみましょう。イカサマのないサイコロであれば、すべての目についてその目が出る確率は1／6です。すべての実現値に関する確率が一様に分布しています。

2 二項分布

離散的な分布でもう1つ、代表的な確率分布である二項分布を紹介します。

「成功」「失敗の」2つの事象いずれかが必ず起こる試行（**ベルヌーイ試行**といいます）を複数回繰り返したときに、どちらかの事象が何回起こるかを考えます。コインを投げて表と裏のどちらかが出るというケースを例にします。表が出るという事象をA、裏が出るという事象をBとします（どちらかを成功、どちらかを失敗と定義すればベルヌーイ試行になります）。通常、コインの表裏は1／2の確率で出るはずですが、このコインには細工がしてあり、Aが起こる確率がp、Bが起こる確率が$1-p$となっています。

さて、このコインをn回投げること、すなわちn回の連続した試行を考えてみましょう。n回のうち、Aが起こる回数をXとすると、それは確率変数になります。Xが実現値k（$1 \leqq k \leqq n$）をとる確率は、次ページの **式1** で定義されます。

● コインを投げて表が出る回数（X）の確率　式 1

$$\Pr(X=k) = {}_{n}\mathrm{C}_{p}\ p^{k}(1-p)^{n-k}$$

● コインを n 回投げて表が出るパターンを表した式　式 2

$$ {}_{n}\mathrm{C}_{p} = \frac{n!}{k!(n-k)!} $$

● 二項分布のグラフ（コインを 10 回投げて表が何回出るかの確率）

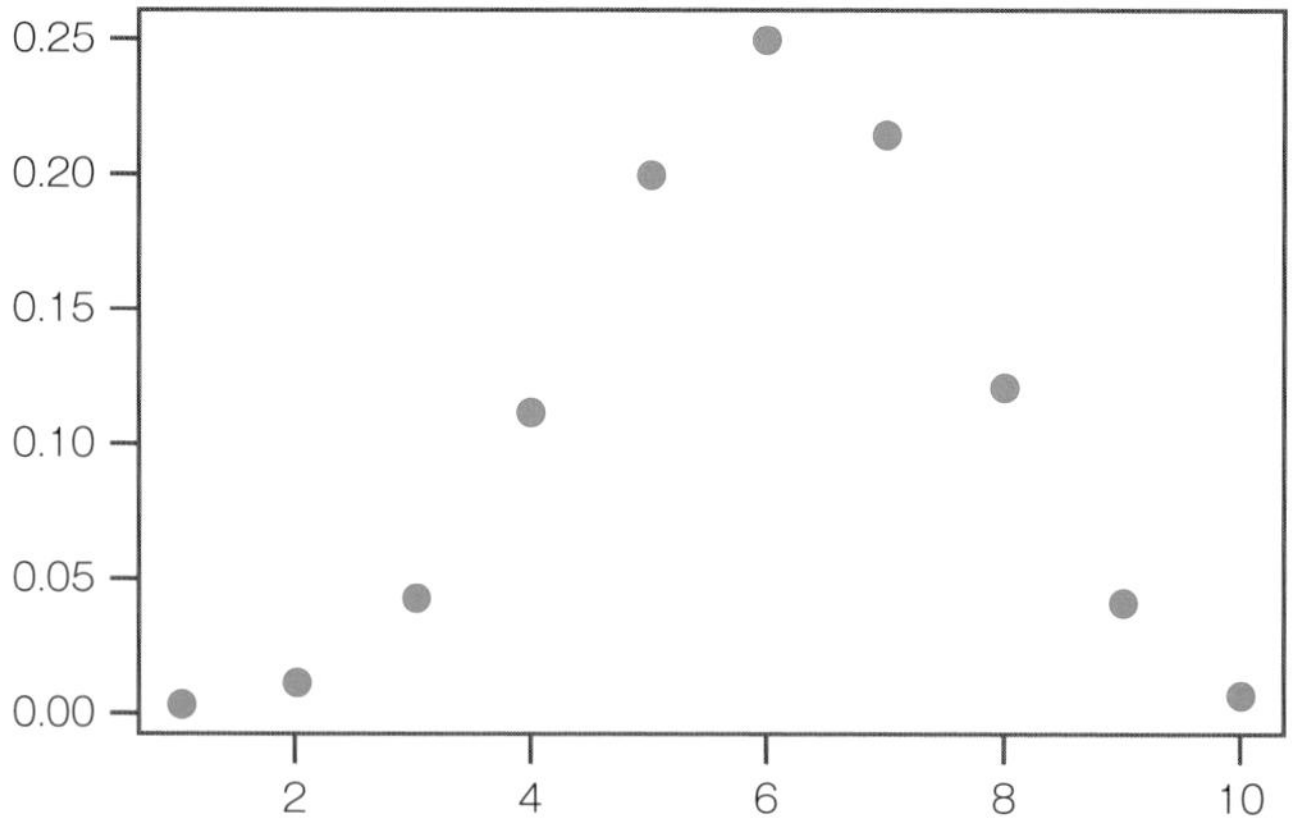

これは、n回試行したうち、k回Aが起こる確率は$p^k(1-p)^{n-k}$であること、そして、そのAが起こったのはn回の試行の何回目だったかを考えれば理解できるでしょう。n回の試行でAが起こるパターンは、n個の要素の集合からk個を取り出す個数に等しく、それは前ページの 式2 で計算できるからです。

$p=0.6$, $n=10$のときの分布が、前ページ下の図です。Aが6回起こる確率がもっとも高いことがわかります。1回の試行でAが起こる確率pが0.6なので、10回の試行で6回起こる確率がもっとも高いのはごく自然に理解することができるでしょう。

このようなベルヌーイ試行で成功する回数が従う分布を**二項分布**と呼びます。その分布はnとpで定まるので$B(n,p)$で表します。

3 正規分布

3時限目の冒頭で出てきた「**正規分布**」について説明しましょう。正規分布は**ガウス分布**とも呼ばれます。連続的な確率分布の代表ともいえます。

正規分布を定める式は、次ページ上の式のように若干複雑です。

ここで、μは平均値、σは標準偏差（σ^2は分散）です。確率密度関数で表される確率分布について、平均や分散を求めるにはどうすればよいか、まだ解説していませんでした。その詳細は次節で解説します。ここでは、離散的データの平均値や分散とほぼ同様に計算できるものと思っていてください。

μとσでその分布が定まるので、正規分布は、$N(\mu, \sigma)$で表します。なかでも、平均値が0で分散が1であるような$N(0, 1)$のことを「**標準正規分布**」と呼びます。

Rを使うと、簡単に正規分布の形を求めることができます。Rを起動して左ページ中ほどのコマンドを投入します。

正規分布をグラフにすると、次ページ下の図のような山形の確率密度関数を描きます。

● 正規分布を求める式

$$f(x)=\frac{1}{\sqrt{2\pi\sigma^2}}\exp(-\frac{(x-\mu)^2}{2\sigma^2})$$

● Rで正規分布の形を求める

```
> sigma <- 0.5 ↵
> mu<- 3.0 ↵
> f <- function(x) {(1/sqrt(2*pi*sigma^2)) *exp(-((x-
mu)^2/(2*sigma^2)))}↵
> plot(f, xlim=c(0.0, 6.0), ylim=c(0.0, 1.0)) ↵
```

● 正規分布のグラフ

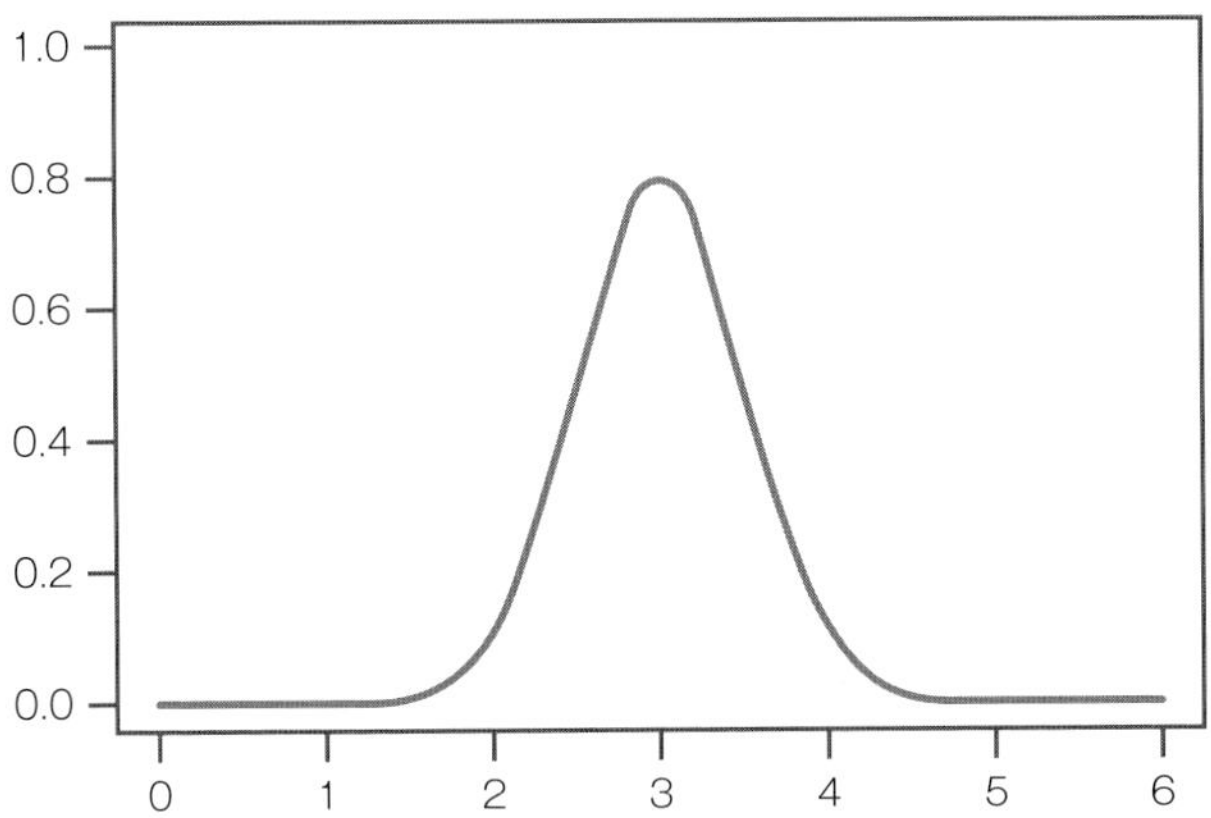

4 その他の分布

正規分布は平均値を中心として平均から離れるほど確率密度が小さくなるような分布ですが、理論的には－∞から＋∞までの範囲で定義されます。それに対して、前節の連続秒針の例では、特定の範囲で確率密度関数が定義されました。

よく使われる連続確率密度関数として、正の実数の範囲で定義されるものもあります。その代表例が「**指数分布**」です。指数分布は下の式で定義されます。

$\lambda = 1.0$ のときの確率密度関数をプロットすると、下のグラフのようになります。指数分布は、事象が独立して一定の確率に従って発生するような場合における事象の時間間隔として使われます。

指数分布を求める式

$$f(x;\lambda) = \lambda\exp(-\lambda x)$$

指数分布のグラフ

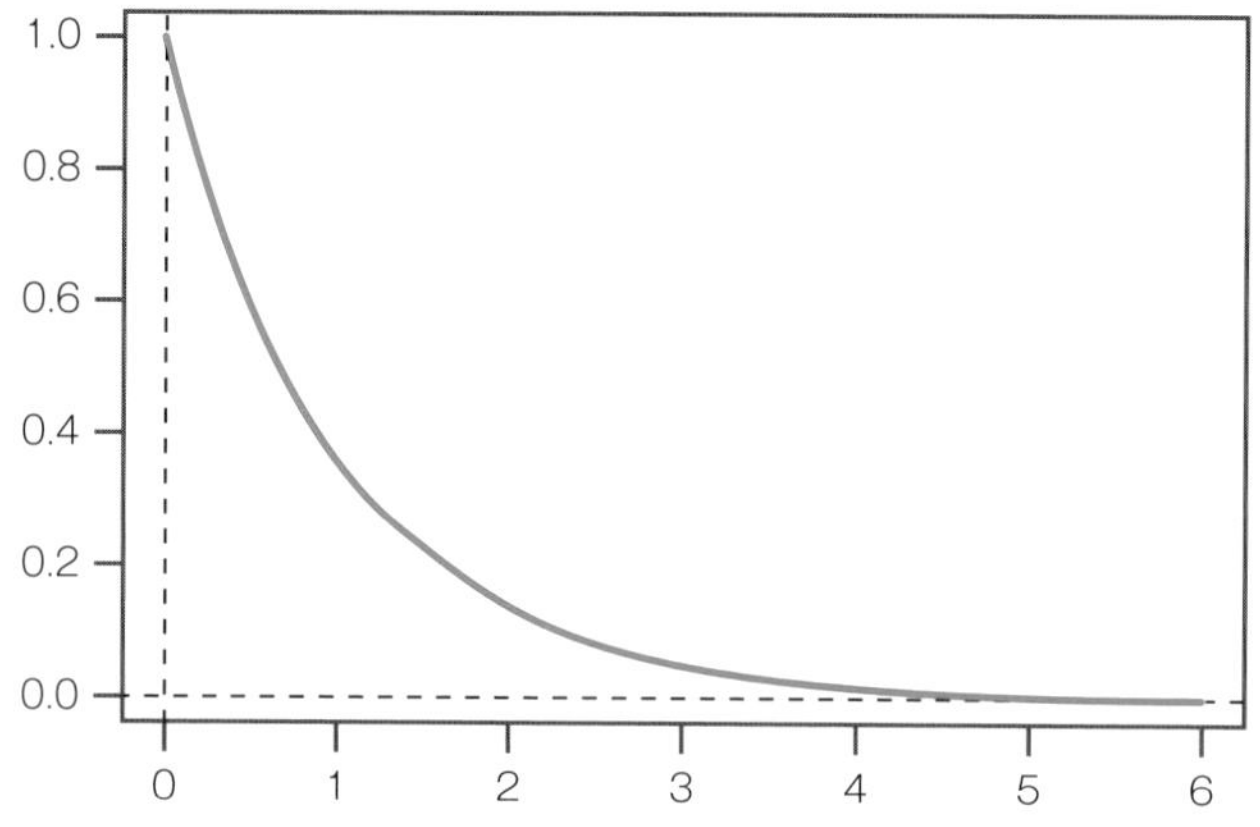

事象の生起間隔を確率変数としたときにその分布は指数分布に従いますが、一定時間に何回発生するか、その回数を確率変数にすると、その変数は**ポアソン分布**と呼ばれる確率分布に従います。また、その他にも、**ワイブル分布**や**ガンマ分布**など、いくつかの有用な確率分布が提案されており、現象のモデル化に役立っています。

分布にはさまざまな種類があります。確率変数の性質に応じて、適切な分布を適用しましょう。

ここがポイント

- 確率分布にはさまざまな種類がある
- 確率密度関数が一定の値をとる分布を「一様分布」、ベルヌーイ試行で成功する回数の分布を「二項分布」、連続する確率分布に「正規分布」や「指数分布」などがある

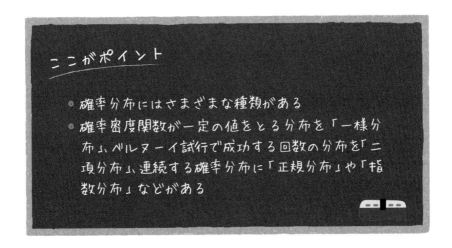

07 サイコロ一投で期待できる出目
―期待値と分散

1 繰り返し試行した際の確率変数の値

すでに得られたデータを記述する記述統計量として、これまで平均値や中央値、最頻値、分散などを解説してきました。本節ではもう少し一般化して、確率変数がとり得る実現値を対象として考えます。

試行を何回も繰り返して実施したときに、確率変数はさまざまな実現値をとります。それらの結果として得られたデータの平均値や分散はどうなるでしょうか。

2 期待値

確率変数Xについて、それがとり得るすべての実現値に、それが起きる確率を掛けて足し合わせたものを「**期待値**」といいます。確率変数Xの期待値は$E[X]$と記述します。

x_1，x_2，x_3，…，x_nを確率変数Xがとり得る実現値だとしましょう。このとき、期待値$E[X]$は下の式で計算されます。

ここで、全試行回数をN、$X=x_k$となる事象が発生した回数をN_kとすると、その確率は$\Pr(X=x_k)=N_k/N$で表現されることを思い出してください。つまり、期待値を求める式は、本ページ下の式のように解釈することができます。

総和の中は、すべての実現値を足し合わせたものに相違ありません。それを全試行回数Nで割っているということは、平均値の計算と同じです。

すなわち、**期待値は事後の平均値**ということに他ならないのです。6面のサイコロで例えると、サイコロ一投あたりの期待値は、サイコロの各目が出る確率が1／6なので、（1＋2＋3＋4＋5＋6）÷6で3・5となります。

● **期待値を求める式**

$$E[X]=\sum_{k=1}^{n}x_k\Pr(X=x_k)$$

● **期待値は事後の平均値**

$$E[X]=\sum_{k=1}^{n}x_k\frac{N_k}{N}=\frac{1}{N}\sum_{k=1}^{n}N_kx_k$$

3 連続的な確率変数の期待値

今度は、確率変数Xが連続的な実現値をとる確率変数であるケースを考えます。実現値を列挙できないので、前述の式で積和を計算することができません。どうすればよいでしょうか。

この場合、離散的な確率確率の期待値を少し拡張して考えます。連続的な確率変数を考えるときは、実現値の極小変化量を考えれば自然に拡張できます。確率変数Xがx付近の値をとる確率は、確率密度関数$f(x)$を用いて、下の 式1 で表せます。このとき、その期待値は 式2 のように近似することができるでしょう。

極小変化量dxを無限小に置き換えると、総和は積分で置き換えられます。したがって、連続的な実現値をとる確率変数の期待値$E[X]$は、確率密度関数$f(x)$

● 確率変数 X が x 付近の値を取る確率 式1

$$\Pr(x < X \leq x + dx) = f(x)dx$$

● 無限小 dx を用いて表した連続的確率変数の期待値 式2

$$E[X] = \sum x\Pr(x < Xx + dx)$$

● 連続的な確率変数の期待値を求める 式3

$$E[X] = \int_{-\infty}^{\infty} xf(x)dx$$

を用いて 式3 で定義されることになります。

4 分散

確率変数に対する分散も、与えられたデータに対する分散と同様に計算できます。

確率変数Xの期待値をμで表すことにしましょう。このとき、確率変数Xに対して 式1 を考えます。確率変数を四則演算したものも確率変数なので、Yもまた確率変数です。

確率変数Yの値は、確率変数Xの値が期待値μからどれだけ離れているかを表していると解釈できます。２乗の値になっているのは正負の影響を排除するためです。

● 確率変数Xから期待値を引いて二乗し分散を求める 式1

$$Y=(X-\mu)^2$$

● 確率変数Yの期待値 式2

$$V[X]=E[Y]=E[(X-\mu)^2]$$

● 離散的な確率変数の計算式 式3

$$V[X]=\sum_{k=1}^{n}(x_k-\mu)^2\Pr(X=x_k)$$

● 連続的な確率変数の計算式 式4

$$V[X]=\int_{-\infty}^{\infty}(x-\mu)^2 f(x)\,dx$$

確率変数の分散は、この確率変数Yの期待値として定義されるものです（式2）。確率変数Xの分散を$V[X]$と表します。

離散的な確率変数であれば、その具体的な計算式は前ページの式3のようになります。連続的な確率変数に対しては、積分を用いて前ページの式4で計算できるでしょう。

5 分散と標準偏差、偏差値

分散の正の平方根を「**標準偏差**」といいます。確率変数Xの標準偏差は$\sigma[X]$と記述します。

期待値、分散、標準偏差の関係は、3時限目02で述べたように、与えられたデータに対して平均値、分散、標準偏差を考えたときとまったく同じです。

標準偏差として分散の平方根をとる理由は、次元を揃えるためです。標準偏差を用いれば、そのまま比較することで、期待値からどれだけ外れているかを比較検討できます。

標準偏差を用いた身近な指標として「**偏差値**」があります。偏差値は、平均と分散（標準偏差）をわかりやすく調整したものです。平均が50となるように、分散が＋1であるようなデータが＋10となるように、その値を調整しています。

偏差値は成績処理でしばしば利用され、また偏差値の値が40～60付近に集中しているため、人によっては100点満点のテストの点数と混同しがちです。しかし、理論的には偏差値は100を越えることもあり得ます。また、0を下回ることも考えられます。ただし、それぞれよほどの外れ値にならないと、そのような状況は発生しません。１００点満点の成績とはまったく異なるので、間違えないようにしましょう。

期待値、分散、標準偏差は、確率をより実用的に活用するのに役立ちます。しっかり理解しましょう！

ここがポイント

- ある試行の結果として得られる数値（事後）の平均値を期待値という
- 分散の正の平方根を標準偏差という。標準偏差を用いた身近な指標に「偏差値」がある

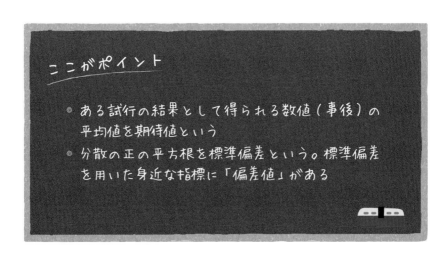

Column 6

$\sum$に驚くことなかれ—2

連続的な確率変数の期待値を考えるなかで、$k = 1$やnといった表記を省略した$\sum$ が出てきました。ここも、数学に慣れない人が疑問に思うポイントの1つです。

添字そのものや、添字の動く範囲が自明のときは、明記しないで書いてしまうことがあります。あるいは、範囲を明記することがあまり意味を持たないようなときもあるでしょう。それは積分でも同様です。例えば、xは実数の全範囲を動く、というような状況を考えるときに、丁寧に書けば$-\infty$から$+\infty$までを積分すると明記すべきでしょうが、自明な場合には省略しても問題ありません。

日本語はハイコンテキストな言語とされ、主語が省略されるので外国人の学習者には難しいことがあると言われることがありますが、数学でも文脈に依存して表記が省略されることがしばしばあるのです。

08 線形性を持つ期待値、線形性を持たない分散
──期待値と分散の性質

期待値や分散の計算に慣れておきましょう。期待値や分散の計算は、これから至るところで出てきます。例えば、期待値や分散の性質を理解しておくと、サンプリング調査の数値から全体の数値を類推する際などに役立ちます。ここでは、その基本的な（重要な）性質を押さえておくことにします。期待値の性質3つと、分散の性質2つを解説します。

期待値は積和あるいは比較的単純な積分で表現されるので、その性質は素直です。分散は2乗しているので若干扱いにくいところはありますが、確実に理解しておきましょう。

1 期待値の性質（1）

期待値は**線形性**（**線型性**とも）を持ちます。線形性というのは、関数などの演算を考えたときに$f(ax+by)=af(x)+bf(y)$となる性質をいいます。すなわち、演算の引数に一次式を与えた結果が、演算後の一次式と同等になるという性質です。

線形代数のみならず、数学では線形性が至るところで現れます。線形性を持つものは扱いやすく、線形性を持たないもの（「非線形」といいます）は扱いが難しいとされています。つまり、期待値は線形性を持つので扱いやすい指標であるといえます。

期待値の線形性は 式1 のように、aとbをパラメータとして表されます。Xは確率変数です。

確かめてみましょう。式2 で、期待値$E[X]$の定義に立ち戻って確かめます。ここで、$\sum \Pr(x)=1$なので、期待値は 式3 のように計算できます。離散的な確率変数について、期待値の線形性を示すことができました。

連続的な確率変数についても、式4 のように、同様に線形性を示

● 期待値は線形性を持つ　式1

$$E[aX+b]=aE[X]+b$$

● 定義に立ち戻り計算する　式2

$$E[aX+b]=\sum(ax+b)\Pr(x)$$

$$=a\sum x\Pr(x)+b\sum \Pr(x)$$

● 第１項はＸの期待値のａ倍に，第２項はｂそのものになる　式3

$$E[aX+b]=a\sum x\Pr(x)+b=aE[X]+b$$

● 連続的な確率変数でも同様に計算できる　式4

$$E[aX+b]=\int(ax+b)f(x)dx=a\int xf(x)dx+b\int f(x)dx$$

$$=a\int xf(x)dx+b=aE[X]+b$$

すことができます。

2 期待値の性質（2）

確率変数の和の期待値は、それぞれの期待値をとってから加算して求めることもできます。すなわち、期待値の線形性は、複数の確率変数の和に関する線形性に拡張できます。複数の確率変数X_k $(k = 1, 2, \cdots, n)$ があるとき、式1の性質が認められます。

簡単のため（わかりやすくするため）に、まず、2つの確率変数X, Yの和に関する期待値を考えてみましょう。

なお、確率変数XとYがそれぞれx, yという実現値をとる確率について、いずれかの変数で総和をとると一方の変数の確率だけ残るという式変形に注意してください。これは、場合の数を数え上げたときに、その変数についてはすべて

● 確率変数の和の期待値は期待値の和となる 式1

$$E\left[\sum_k X_k\right] = \sum_k E[X_k]$$

● 期待値の定義に戻って確認する 式2

$$E[X+Y] = \sum_x \sum_y (x+y)\Pr(X=x, Y=y)$$

$$= \sum_x \sum_y x \Pr(X=x, Y=y) + \sum_x \sum_y y \Pr(X=x, Y=y)$$

$$= \sum_x x \sum_y \Pr(X=x, Y=y) + \sum_y y \sum_x \Pr(X=x, Y=y)$$

$$= \sum_x x \Pr(X=x) + \sum_y y \Pr(Y=y) = E[X] + E[Y]$$

を網羅することから、残りの変数に関する確率が残るという性質（「**周辺化**」といいます）を使っています。

3つ以上の確率変数についても、1つの確率変数と残りの和に分けて、順次、上記の計算を適用することで「和の期待値は期待値の和」であることを証明できます。また、連続的な確率変数の場合も、積分の線形性を用いて同様の計算で示すことができます（証明は省略します）。

3 期待値の性質（3）

確率変数XとYが独立ならば、それらの積の期待値とそれぞれの期待値の積は同じ値です。つまり、それらを掛けた確率変数XYの期待値は下の 式1 のよう

● 独立した確率変数の積の期待値は期待値の積に等しい 式1

$$E[XY]=E[X]E[Y]$$

● 定義に戻り計算する 式2

$$E[XY]=\sum_x\sum_y xy\Pr(X=x,\ Y=y)$$

● 事象の独立性から確率の積に分離できる 式3

$$\Pr(X=x,\ Y=y)=\Pr(X=x\cap Y=y)=\Pr(X=x)\ \Pr(Y=y)$$

● 結果として積の期待値も期待値の積にできる 式4

$$E[XY]=\sum_x\sum_y xy\Pr(X=x)\Pr(Y=y)$$

$$=\sum_x x\Pr(X=x)\sum_y y\Pr(Y=y)=E[X]E[Y]$$

にそれぞれの期待値の積と等しくなります。

前ページの 式2 のように左辺を計算してみましょう。

3時限目03で、2つの事象が独立ならば同時確率はそれぞれの確率の積と等しいことを説明しました。したがって、XとYが独立ならば、前ページの 式3 が成り立ちます。

したがって、確率変数の積XYの期待値は前ページの 式4 のように変形できます。それぞれの期待値の積を導くことができました。

4 分散の性質（1）

分散の性質も見ておきましょう。分散は2乗しているので線形性を持ちません。下の 式1 のように、定数項は影響せず確率変数の係数は2乗で効いてきます。

左辺を計算してみましょう。簡単のために

● 分散は線形性を持たない 式1

$$V[aX+b]=a^2V[X]$$

● 分散の定義に戻り確認する 式2

$$V[aX+b]=\sum((aX+b)-(a\mu+b))^2\Pr(X=x)$$

$$=\sum(a(X-\mu))^2\Pr(X=x)=a^2\sum(X-\mu)^2\Pr(X=x)$$

$$=a^2V[X]$$

● 標準偏差は確率変数の係数の絶対値倍になる 式3

$$\sigma[aX+b]=|a|\sigma[X]$$

Xを離散的な確率変数として考えますが、連続的な確率変数でも和を積分に変えるだけで同様の計算ができます（前ページの 式2 ）。

このことから、同様に確率変数Xの一次変換に対する標準偏差は定数の絶対値倍になることも分かるでしょう（前ページの 式3 ）。

5 分散の性質（2）

独立な確率変数の和を考えたとき、和の分散と分散の和は等しくなります。すなわち、複数の確率変数Xk（k＝1, 2, …,n）が独立のとき下の 式1 が成り立ちます。

2つの確率変数確率変数X, Yの和に関する分散を計算してみます（下の 式2 ）。

● 独立な確率変数の和の分散は分散の和になる 式1

$$V[\sum_k X_k]=\sum_k V[X_k]$$

● 2つの確率変数の例で計算してみる 式2

$$V[X+Y]=\sum_x\sum_y (x+y-\mu_{x+y})^2\Pr(X=x,Y=y)$$

● 平均値の線形性を使い式変形する 式3

$$(x+y-\mu_x-\mu_y)^2=(x-\mu_x)^2+(y-\mu_y)^2+2(x-\mu_x)(y-\mu_y)$$

● 共分散の性質を利用する 式4

$$\mathrm{Cov}[X,Y]=E[XY]-E[X]E[Y]=\mu_{xy}-\mu_x\mu_y$$

平均値は線形性を持つので、$\mu_{x+y}=\mu_x+\mu_y$ です。カッコ内を整理すると前ページ 式3 のようになるでしょう。

ここで、最後の項に関する期待値は、共分散Cov[X, Y]と呼ばれる値の2倍です。共分散に関する計算は省略しますが、共分散は前ページの 式4 の性質を持っています。

確率変数XとYが独立のとき、$E[XY]=E[X]E[Y]$でした。つまり、共分散Cov[X, Y]は0です。

したがって、確率変数の和の分散は下の 式5 で表されることがわかります。xとyの和の範囲に注意して変形し、周辺化の知識も援用すると下の 式6 のように最終的に分散の和を導くことができるでしょう。

期待値の場合と同様、2つの和のケースで証明できれば、3つ以上の場合に拡張して考えることができます。

● XとYが独立のとき共分散の項は0となる 式5

$$V[X+Y]=\sum_x\sum_y((x-\mu_x)^2+(y-\mu_y)^2)\Pr(X=x,Y=y)$$

● 周辺化の性質も使い整理する 式6

$$V[X+Y]=\sum_x(x-\mu_x)^2\sum_y\Pr(X=x,Y=y)$$

$$+\sum_y(y-\mu_y)^2\sum_x\Pr(X=x,Y=y)$$

$$=\sum_x(x-\mu_x)^2\Pr(X=x)+\sum_y(y-\mu_y)^2\Pr(Y=y)=V[X]+V[Y]$$

期待値と分散の性質は、これから何度か応用として利用します。しっかりと覚えておきましょう。

ここがポイント

- 期待値は線形性を持つが分散は線形性を持たない
- 期待値や分散の性質を理解しておくと、標本調査から得られた数値から母集団の数値を類推する際などに役立つ

4時限目

データの出自は？（標本と母集団、推定）

全数調査ができないとき、標本から母集団の性質を推測します。そのさまざまな手法を学びましょう。

01 一部をピックアップして全体を推測
——全数調査と標本調査

1 全部を調べられないときにどうするか

何らかの統計調査を行うとき、調査対象の全部を調べることができれば、それに越したことはありません。しかし、対象の数が多いと、全部にあたるのは難しいこともあるでしょう。そのような場合は、一部を取り上げて全体を推測する方法が用いられます。4時限目では、その方法を学んでいきましょう。ここではその基礎について解説します。

2 全数調査・悉皆調査

統計調査を行うときに、調査対象の全部にあたって丁寧に調べ上げることができれば、それが確実です。3時限目までの解説では、クラスの全員について成績を調べて、そのデータに基づいて統計量を計算するというような作業を行いました。

調査対象の全部にあたって統計調査を行うことを「**全数調査**」「**悉皆《しっかい》調査**」「**全部調査**」といいます。大規模な全数調査の例としては**国勢調査**（センサス）が代表例でしょう。国勢調査は5年置きに実施される大規模な全数調査で、人口、性別、家族構成、世帯の状況などについて調査する統計調査です。

全数調査は「母集団のすべてを明らかにする調査」

統計学においては、知りたい対象、調査対象のすべてからなる集合のことを「**母集団**」と呼びます。その言葉を使って説明すると、全数調査とは、母集団のすべてを明らかにしようとする調査であるといえます。

3 大規模な全数調査は現実的か

全数調査は簡単に実施できるでしょうか。クラスの成績のように、ある組織内で実施する全数調査であれば、それほど難しくはありません。しかし、社会問題を調べよう、社会調査をしようなどと考えると、とたんに難易度が上がります。

大規模な全数調査には費用がかかる

大規模全数調査の例に挙げた国勢調査を考えます。国勢調査には毎回たいへんな費用がかかっています。２０１５年に実施された国勢調査は簡易調査と呼ばれるタイプの調査でした。本来、国勢調査は10年置きに実施されることが決められていましたが、間を埋めるための調査として、簡易型の国勢調査が実施されると定められているのです。

総務省統計局、平成27年国勢調査最終報告書「日本の人口・世帯」によると、**国勢調査を実施するための経費は総額およそ７２０億円**だそうです。簡易調査でその額です。とてつもない額の経費がかけられていることがわかります。

大規模な調査では数値の正確性も問題に

さらに、集計した数値がどこまで正確なのかという問題も残ります。日本の人口は、最近減りつつあるとはいえまだ1億人以上います。いまこの瞬間にも赤ちゃんが生まれているでしょう。そして一方で亡くなっていく方もいます。

つまり、国勢調査の調査票で集めた数字を集計している間にも、日々刻々と人口は変化しているのです。そのことを考えれば、国勢調査で得られた数字は絶対的なものではないということがわかるでしょう。国勢調査で得られた数字、特に人口などは正確さを追求するものではありません。しかし、もちろん、傾向を把握するという意味では非常に有用な調査であることは間違いありません。

4 標本調査

全数調査ができないならば、母集団の性質を知りたいときはどうすればよいでしょうか。全数調査が難しいときには、母集団から適当に調査対象を抽出（ピックアップ）して調べる方法をとります。これを「**標本調査**」といいます。

母集団から抽出した要素の集合のことを、「**標本**」や「**サンプル**」と呼びます。1セットの調査対象のことを標本と呼ぶことに注意してください。その集合の要素、標本を構成する個々の要素のことを、「**標本データ**」や「**サンプルデータ**」と呼びます。さらに、抽出した標本の要素数のことを「**標本の大きさ**」「**標本サイズ**」「**サンプルサイズ**」などといいます。標本やサンプルは、1つ1つの調査対象ではなく、その「集合」であることに注意しましょう。

5 標本サイズと標本数

1つ気をつけなければならない概念があります。それは「標本数」「サンプル数」という言葉です。標本数あるいはサンプル数とは、「何回か抽出を繰り返して作成した標本の数」のことです。「標本データの数」、すなわち「標本サイズ」「サンプルサイズ」とは違う概念なので、混同しないようにしましょう。

「標本調査のために、n個の要素からなる標本をm回、作成した」という状況を考えます（次ページの図）。このとき、nは標本サイズ、mが標本数です。「大学生の実体を調査するために、学生を5人選んで調査した。その調査は3回行われた」というような状況であれば「標本サイズが5」「標本数が3」ということになります。

6 抽出の方法

標本調査を行うときに、標本の抽出手段は作為的であってはいけません。何の意図も込めずに選ばなければ、適切な推定を行うことができなくなってしまいます。

1年生から4年生までの大学生の実体を知りたいとき、学生を抽出して標本を作成するのであれば、男子学生ばかり集めるとか、1年生ばかり集めるとか、特定の学科の学生ばかりを集めるとか、そのような方法で選ばれた標本では大学生全体の特徴をつかめない危険性があります。

無作為に抽出すること、それを「**無作為抽出**」といいます。母集団の性質を適切に推定するには、無作為抽出で標本を作成することが必要です。

参考文献　総務省統計局、平成27年国勢調査最終報告書「日本の人口・世帯」
https://www.stat.go.jp/data/kokusei/2015/final.html

● 母集団から抽出した標本

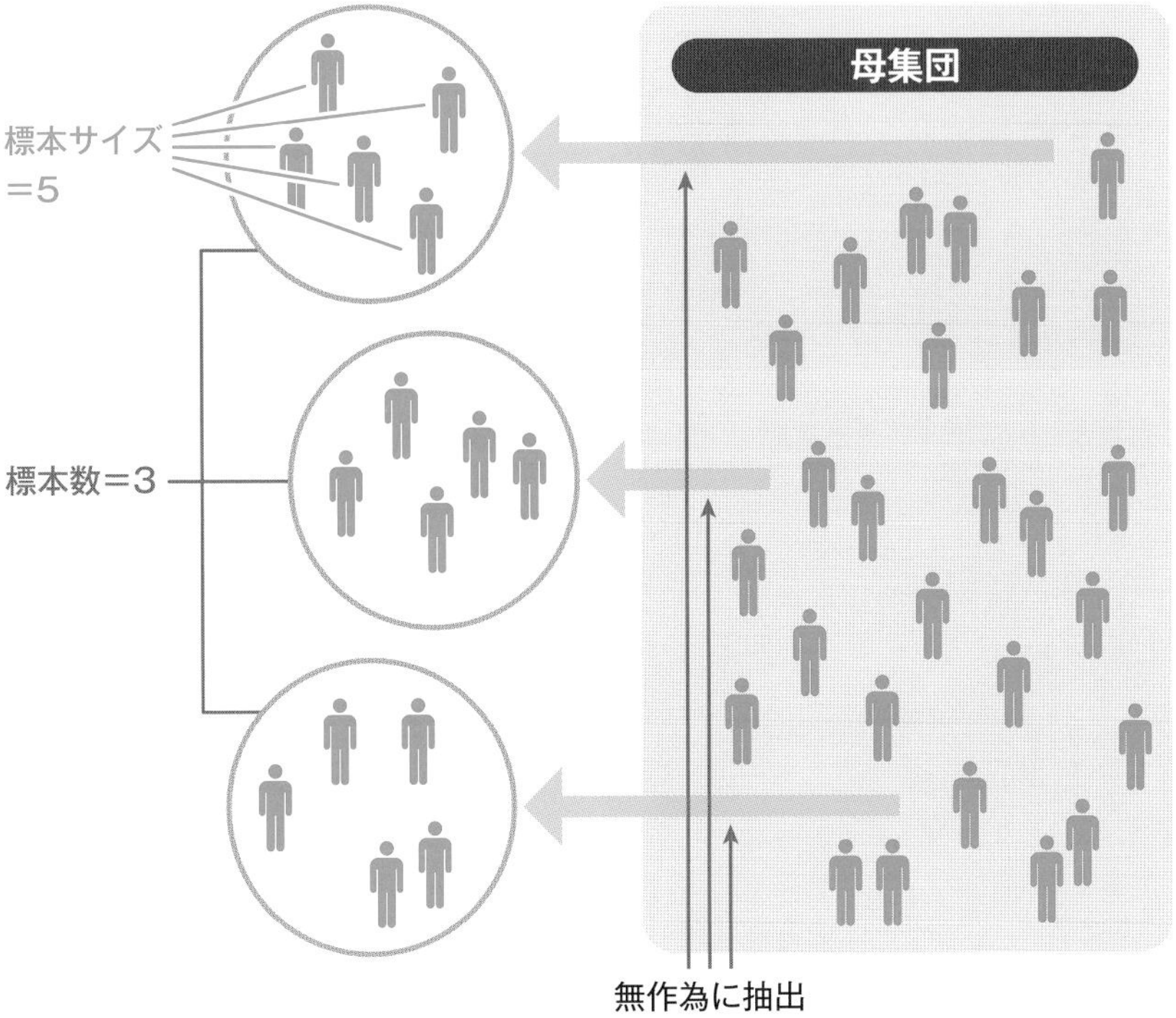
母集団
標本サイズ
=5
標本数=3
無作為に抽出

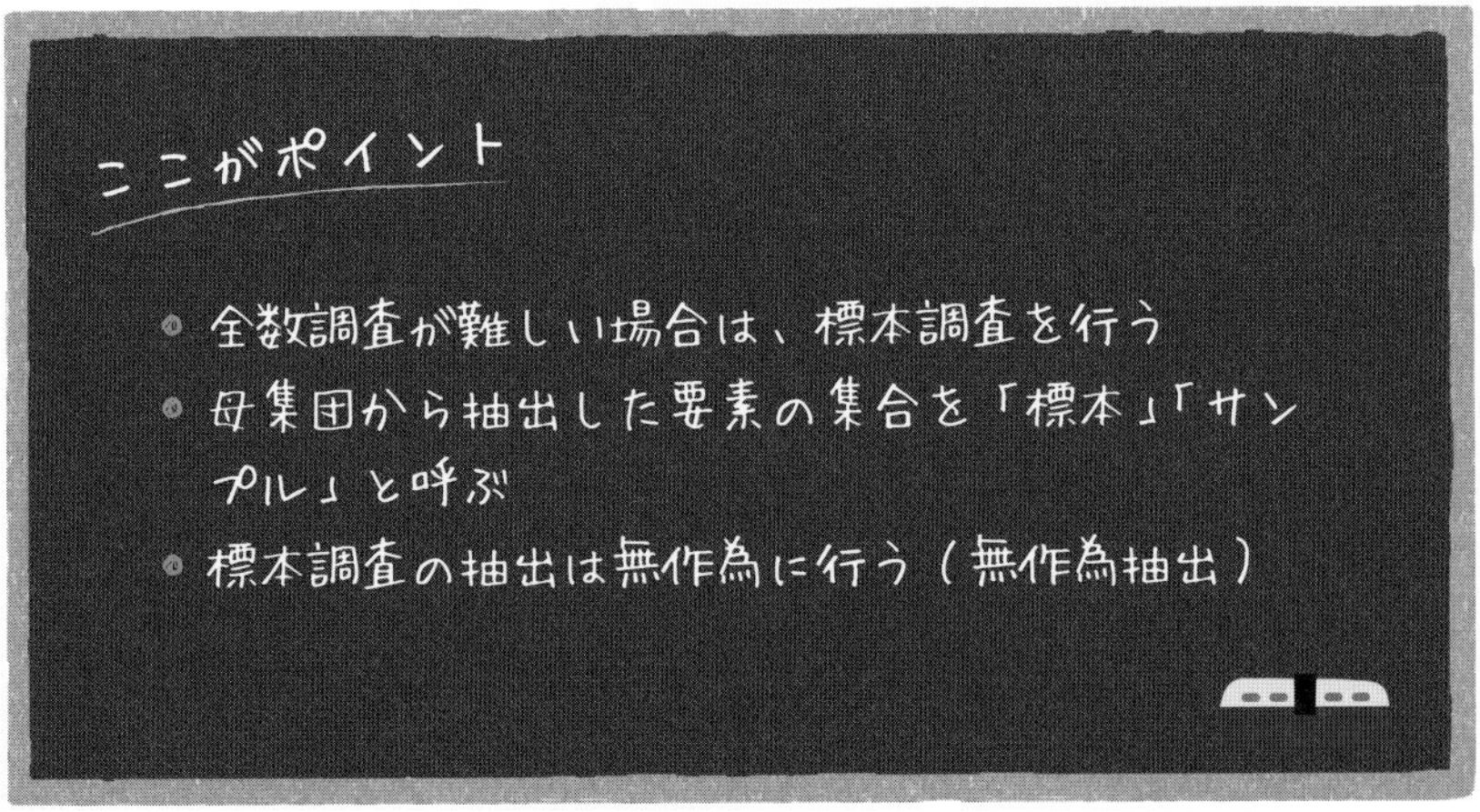
ここがポイント
全数調査が難しい場合は、標本調査を行う
母集団から抽出した要素の集合を「標本」「サンプル」と呼ぶ
標本調査の抽出は無作為に行う（無作為抽出）

02 わかる範囲で計算し、その結果から推測する
──標本から母集団の推測

1 標本と母集団、平均値の関係は？

無作為抽出した標本データは**確率変数**と考えることができます。確率変数である以上は、ある確率分布に従います。その平均や分散は、得られた標本から計算することができます。

しかし、それらは母集団の平均や分散を直接計算するわけではありません。標本の平均や分散と、母集団の平均や分散の間には、どのような関係があるでしょうか。

2 標本と母集団の統計量

サンプルの値は母集団の値ではない

標本データを対象として、これまで解説してきたような平均や分散、標準偏差を計算することは可能です。しかし、標本データから得られたこれらの値は、母集団の性質を表しているといってよいでしょうか。標本データから計算される統計量は、あくまで、標本の性質を表しているだけにすぎないということに注意してください。標本は標本であって、母集団とは違うのです。

母集団の平均のことを「**母平均**」、母集団の分散のことを「**母分散**」、その標準偏差のことを「**母標準偏差**」といいます。これらは全数調査をしなければ直接計算することはできません。したがって、母集団から1つデータを取り出したものを確率変数と考えたときに、その確率変数が従う確率分布がどうなるかを考えるのは、なかなか難しい問題です。

母集団の性質は直接計算できない

統計学のアプローチでは、母集団の性質は直接計算できない、わからないということを認めるところから始めます。わかる範囲で計算し、その結果から推定します。つまり、得られた標本を対象として統計量を計算し、そこから母集団の性質がどう推定されるかを論じるのです。

2時限目の最後で論じた**推測統計**の考え方を、具体的に学んでいきましょう。

3 標本平均

母集団から何らかの方法によって標本を得たとします。手元には、標本サイズがn、すなわちn個の標本データからなる標本$\{X_1, X_2, \ldots, X_n\}$が得られています。このとき、標本の平均値は下の式で求めることができます。

標本で求めた平均のことを「**標本平均**」といいます。標本平均$\bar{X}$そのものも確率変数となることに注意してください。$\{X_1, X_2, \ldots, X_n\}$はすべて確率変数なので、それらを四則演算したものも確率変数になります。標本平均$\bar{X}$の値は標本を抽出するたびに変化します。

● 標本平均を求める式

$$\bar{X} = \frac{X_1 + X_2 + \cdots + X_n}{n}$$

4 標本平均と期待値の関係

標本平均の値と母集団の期待値には、どのような関係があるでしょうか。

先ほど説明したように、母平均は計算できません。しかし、母集団の期待値は母平均を意味するので、標本平均から母集団の期待値を導くことができれば、母平均を推定することができるという理屈です。

n個の標本データを抽出したとします。このとき、nが十分に大きければ、標本平均は母集団の期待値に一致します。

5 標本平均が母集団の期待値に一致することの証明

確率変数XがN個の実現値$\{x_1, x_2, \cdots, x_N\}$をとるものとします。そして$n$回の試行によってそれぞれが出現した回数を$\{m_1, m_2, \cdots, m_N\}$とします。すなわち$k = 1, 2, \ldots, N$としたとき、$n(x_k) = m_k$と表すことができます。

このとき、すべての標本データの合計$\sum_k^n X_k$を考えましょう。それぞれの実現値が何回出現したかを考えて、それらを足し合わせたものと推察できるので、この値は次ページの 式1 のように表現されるはずです。

標本平均$\bar{X}$はすべての標本データの合計をnで割ったものなので、式2で表されます。

さて、nが十分に大きいとき、m_k/nは確率p_kに等しくなります。したがって、先の式2は式3のようになります。これは期待値の定義にほかなりません。つまり、標本サイズが大きくなると、標本平均は母集団の期待値に一致するということになります。

6 標本平均「の」期待値

標本平均$\bar{X}$自体も確率変数です。したがって、その期待値を考えることができます。標本平均の期待値はどうなるでしょうか。

標本データX_kを無作為に抽出したとき、その期待値$E[X_k]$は母平均です。母平均μを用いて、$E[X_k]=\mu$と表せます。標本の抽出は無作為抽出な

● すべての標本データの合計　式1

$$\sum_{k}^{n} X_k = \sum_{k}^{N} x_k m_k$$

● 標本平均を求める式　式2

$$\bar{X} = \frac{1}{n}\sum_{k}^{n} X_k = \frac{1}{n}\sum_{k}^{N} x_k m_k = \sum_{k}^{N} x_k \frac{m_k}{n}$$

● 標本サイズが大きいと、標本平均は母集団の期待値と同じ　式3

$$\bar{X} = \sum_{k}^{N} p_k x_k$$

ので、各標本は独立していると考えましょう。このとき、期待値の演算に関する性質から、下の 式1 を導くことができます。

すなわち、標本平均それ自体の期待値も母平均に一致することがわかりました。

● 標本平均の期待値を求める式　式1

$$E[\bar{X}]=E\left[\frac{X_1+X_2+\cdots+X_n}{n}\right]=\frac{1}{n}\sum_{k}^{n}E[X_k]=\frac{1}{n}\times n\mu=\mu$$

ここがポイント

- 抽出した標本データの値は母集団の値ではない
- 標本平均の値と母集団の期待値は一致する
- 標本平均の期待値と母平均も一致する

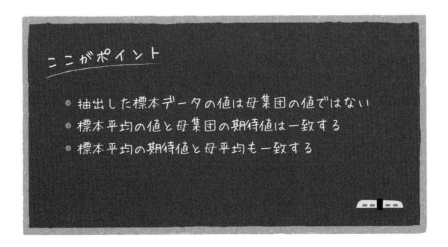

03 サイコロをたくさん振ると、出目は期待値に収束する
――大数の法則

1 標本平均の分散はどうなるか

前節では標本サイズが大きくなれば標本平均が母平均に一致すること、そして標本平均の期待値も母集団の期待値に一致することを説明しました。それでは、**標本の分散**はどうなるでしょうか。

標本の分散と母分散の関係を見る前に、**標本平均の分散**について解説します。**標本サイズを大きくすると、標本平均のばらつきは小さくなる**ということを確認します。

2 標本平均の分散

前節で何度も指摘したように、標本平均 $\bar{X}$ は確率変数です。したがって、その期待値 $E[X_k]$ や

分散$V[X_n]$を計算することができます。

母平均をμ、母分散をσ^2とします。これらの値は、多くの場合に直接計算することができません。それは、全数調査をしない限りは計算の根拠となるべきすべての標本データが得られないからです。

一方で、nが十分に大きいとき、標本平均それ自体が母平均μと一致することは確認しました。また、標本平均の期待値も母平均μになることも確かめました。当然ながらnがそれほど大きくないときは、標本平均の値はばらつきます。そのとき、標本平均$\bar{X}$の分散$V[X_n]$はどうなるでしょうか。

標本平均の分散は、母分散σ^2を用いて 式1 で計算されます。

ここで、3時限目08で解説した分散の性質$V[aX+b]=a^2V[X]$と、独立な事象であれば確率変数の和の分散は分散の和に一致するということを使います（式2）。

● 標本平均の分散　式1

$$V[\bar{X}]=\sigma^2/n$$

● 分散の性質と確率変数の和は分散の和と一致を利用　式2

$$V[\bar{X}]=V[\frac{X_1+X_2+\cdots+X_n}{n}]=\sum_k^n V[\frac{1}{n}X_k]$$

$$=\sum_k^n \frac{1}{n^2}V[X_k]=\frac{1}{n^2}=\sum_k^n V[X_k]=\frac{1}{n^2}\times n\sigma^2=\sigma^2/n$$

この式の意味するところは何でしょうか。標本サイズnを十分に大きくした状況を考えます。母分散σ^2の値はわからないとはいえ、標本サイズによらず一定の値であるはずです。分子が定数のとき、分母を大きくしていくと、その値は0に近づいていきます。

$V[\bar{X}]=\sigma^2/n$ですから、$\sigma[\bar{X}]=\sigma/\sqrt{n}$です。標本平均の標準偏差は、母集団の標準偏差を標本サイズnの平方根で割った値になります。ここまで見てきた状況を、整理して表現してみましょう。

3 大数の法則

標本データ同士が独立なら、標本平均は標本サイズを増やすほど母平均に近づく。また、その標準誤差は0に近づく

これを「**大数の法則**」といいます。この意味するところは、「標本サイズnを増やすと、標本数mに関する『標本平均のばらつき』は0に収束する」ということです。

わかりやすい例で例えると、サイコロの各目が出る確率が1／6である場合、サイコロを振る回数が少ないときは出目に偏りがある（1がたくさん出たり、6がなかなか出なかったり）ことがあるために標本平均が小さくなったり大きくなったりするが、試行回数を増やしていくと、標本平均の値は母平均である3・5に近づいていく（収束）ということです。

いくつかの標本データを無作為抽出して、m回、標本を作成したとします。そのとき、それぞれの標本に関してm個の標本平均が得られます。その平均値と分散がどうなるかというと、nが大きいほど平均値は母平均に近づき、分散（標準偏差）は0に近づいていきます。

4 大数の法則をRで検証する

大数の法則をデータで確かめてみます。ただし、実際のデータを取得することができないので、Rでシミュレーションしてみましょう。

Rには**rnorm()**という標準正規分布に従うランダムなデータを生成する関数が用意されています。**rnorm(100000)**で、10万個のランダムデータを作成します。**sample()**という関数は、第1引数で示すデータから第2引数で示す個数ぶんのデータを無作為抽出する関数です。**mean()**関数は平均値を計算します。したがって、**mean(sample(rnorm(100000),n))**とすれば、標本サイズnの標本から得られる標本平均を計算することができます。

その作業を10回繰り返し、標本平均を10個並べたベクトルaを作成します。そのデータに関して平均と分散を計算すると、どうなるでしょうか。分散は、**var()**関数で求めることができます。

次ページの図は、標本サイズnを変化させながら、標本平均$\bar{X}$の平均値と分散（ここで求めている分散は、正確には不偏分散です。不偏分散については次節で解説します）を計算した様子です。nが10のとき、標本平均の平均値は0.097、分散は0.043でした。nを100とすると、平均値はマイナス0.01、分散は0.021になりました。

対象とするデータは標準正規分布に従うので、母平均は0です。nを大きくすればするほど、標本平均の平均値は母平均に近づき、また、標本平均の分散は0に近づいていく様子を確かめることができるでしょう。

● 大数の法則をRで検証する

```
> n <- 10
> a <- c(); for (i in 1:10) { x <- mean(sample(rnorm(100000),n)); a <- c(a,x) }
> mean(a)
> var(a)
> n <- 100
> a <- c(); for (i in 1:10) { x <- mean(sample(rnorm(100000),n)); a <- c(a,x) }
> mean(a)
> var(a)
> n <- 1000
> a <- c(); for (i in 1:10) { x <- mean(sample(rnorm(100000),n)); a <- c(a,x) }
> mean(a)
> var(a)
> n <- 10000
> a <- c(); for (i in 1:10) { x <- mean(sample(rnorm(100000),n)); a <- c(a,x) }
> mean(a)
> var(a)
```

標本サイズ n を変化させて標本平均の平均値と分散を計算した

```
tmp — R — 80×25
> n <- 10
> a <- c(); for (i in 1:10) { x <- mean(sample(rnorm(100000),n)); a <- c(a,x) }
> mean(a)
[1] 0.09748845
> var(a)
[1] 0.04254335
> n <- 100
> a <- c(); for (i in 1:10) { x <- mean(sample(rnorm(100000),n)); a <- c(a,x) }
> mean(a)
[1] -0.01087444
> var(a)
[1] 0.02128586
> n <- 1000
> a <- c(); for (i in 1:10) { x <- mean(sample(rnorm(100000),n)); a <- c(a,x) }
> mean(a)
[1] -0.005775957
> var(a)
[1] 0.0007213754
> n <- 10000
> a <- c(); for (i in 1:10) { x <- mean(sample(rnorm(100000),n)); a <- c(a,x) }
> mean(a)
[1] 0.004423287
> var(a)
[1] 0.0001504382
>
```

ここがポイント

- 標本サイズを大きくすると、標本平均のばらつきは小さくなる
- 試行回数が少ないときは結果が偏ることがあるが、たくさん試行すると標本平均は母平均に収束する。これを「大数の法則」という

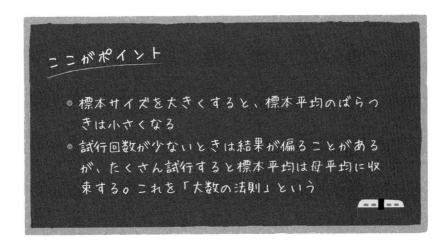

Column 7

大数の法則をどう解釈すればよいか

落ち着いて考えてみれば、大数の法則はきわめて自然な法則であるということがわかります。大数の法則で言っていることは、標本サイズを増やす、つまり観測するデータの数を増やせば増やすほど、そこから計算される標本平均は母平均、つまり真の値に近づき、標本平均のバラつきは0になっていく、ということなので、しっかり理解してしまえば「まあ、そうだよね」とでも言うしかないものです。

極端な例を考えてみましょう。標本サイズがものすごく小さいとき、例えば標本サイズが１つだったらどうでしょうか。標本平均もへったくれもないけれど、定義に照らし合わせてみれば、データの値そのものが標本平均になるでしょう。このとき、その値はある程度バラつくはずです。

一方の極端な例を考えてみます。すなわち、母集団そのものを標本にできたらというケースです。こちらはもはや標本調査ではなく全数調査になってしまっていますが、標本平均と母平均が一致することは明らかですね。そして何度やっても同じ値になるはずで、分散は0です。

このように、数学では「極端な例」を考えると、すっと理解できることも多々あります。

● **極端な例を考えると理解しやすい**

標本サイズが１のとき

得られたデータが
標本平均になる

母集団全部を調査した場合

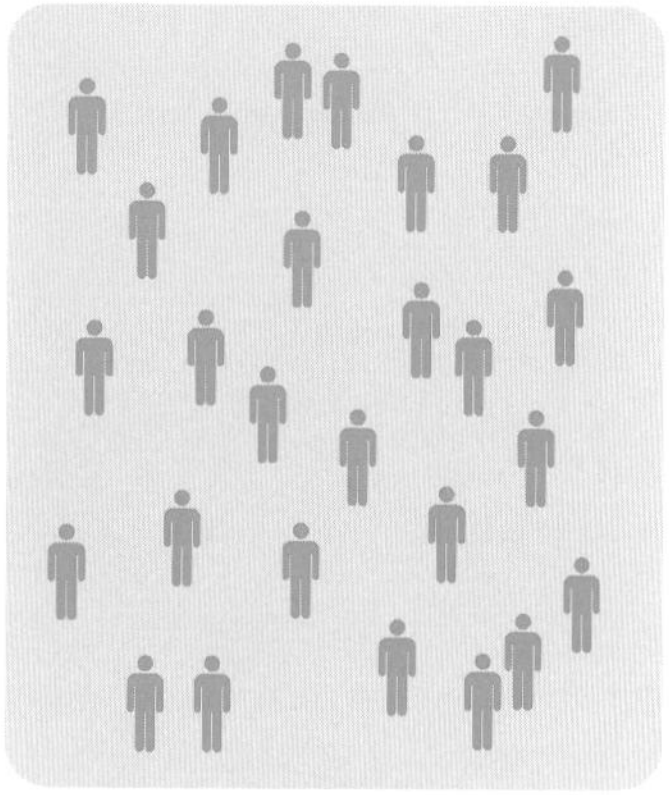

標本＝母集団なので、
標本平均＝母平均になる

04 標本の分散と母分散の関係は
──標本分散と不偏分散

1 標本分散と不偏分散

前節で標本平均から母平均を推定できることを解説しました。では母分散はどうでしょう。標本の分散は母集団の分散に一致するのでしょうか。

標本分散の期待値を計算すると、少し面白い性質があることがわかります。結論からいうと、標本分散の期待値は、標本サイズが大きくないと母分散と一致せず、母分散より少し小さくなります。さらに、その性質を補正する統計量である不偏分散という概念も解説します。

2 標本分散と標本標準偏差

標本データから計算される分散のことを「**標本分散**」といいます。さらにその正の平方根を

「**標本標準偏差**」といいます。

標本$\{X_k\}$と標本平均$\bar{X}$を用いて、標本分散s^2は次ページの **式1** で計算されます。標本平均同様、標本分散も確率変数です。したがって、その期待値を計算することができます。さて、標本分散s^2の期待値はどうなるでしょうか。

3 標本分散の期待値

標本分散の期待値がどうなるかを考えていきましょう。まずs^2を次ページの **式2** のように式変形していきます。

式変形ができたところで、標本分散の期待値をとります。期待値の線形性を使って **式3** のようにさらに式を変形していきましょう。

前項は母分散σ^2の定義そのものです。また、後者は標本平均の分散です。したがって、後者の項はσ^2/nでした。つまり、標本分散の期待値は母分散σ^2を用いて **式4** のように表すことができます。標本分散の期待値を計算すると、その値は母分散よりも少し小さくなってしまうことがわかります。

● **標本分散の定義** 式1

$$s^2=\frac{1}{n}\sum_{k=1}^{n}(X_k-\bar{X})^2$$

● **標本分散の式をうまく式変形する** 式2

$$s^2=\frac{1}{n}\sum_k(X_k-\bar{X})^2=\frac{1}{n}\sum_k((X_k-\mu)-(\bar{X}-\mu))^2$$

$$=\frac{1}{n}\sum_k((X_k-\mu)^2-2(X_k-\mu)(\bar{X}-\mu)+(\bar{X}-\mu)^2)$$

$$=\frac{1}{n}\sum_k(X_k-\mu)^2-\frac{2}{n}(\bar{X}-\mu)\sum_k(X_k-\mu)+(\bar{X}-\mu)^2$$

$$=\frac{1}{n}\sum_k(X_k-\mu)^2-\frac{2}{n}(\bar{X}-\mu)(n\bar{X}-n\mu)+(\bar{X}-\mu)^2$$

$$=\frac{1}{n}\sum_k(X_k-\mu)^2-(\bar{X}-\mu)^2$$

● **期待値の線形性を用いて式変形する** 式3

$$E[s^2]=E[\frac{1}{n}\sum_k(X_k-\mu)^2-(\bar{X}-\mu)^2]$$

$$=\frac{1}{n}\sum_k E[(X_k-\mu)^2]-E[(\bar{X}-\mu)^2]$$

● **最終的に母分散より若干小さめになる** 式4

$$E[s^2]=\frac{1}{n}\sum_k\sigma^2-\frac{1}{n}\sigma^2=\frac{1}{n}\times n\sigma^2-\frac{1}{n}\sigma^2=\frac{n-1}{n}\sigma^2$$

4 不偏分散

標本分散の期待値は母分散よりも少し小さくなるということはどういうことでしょうか。nが十分に大きければ、$(n-1)/n$はほぼ1と考えてよいのであまり問題にはなりません。しかしnがさほど大きくないとき（標本サイズが小さいとき）は「散らばり具合を若干少なく見積もってしまう」ということになります。

そこで、標本分散に代わる統計量として「**不偏分散**」を用います。下の式のように分散 u^2を考えます。前ページの **式1** 、標本分散の定義と見比べてみてください。標本平均との差を2乗したものの総和に対して、nで割る代わりに$n-1$で割っています。標本分散が母分散よりも少しだけ小さい値となってしまうところを補正しています。ほぼ自明な計算なので改めての計算は省略しますが、不偏分散の期待値を計算すると、母分散に一致することを確かめてみることができるでしょう。

● 不偏分散の式

$$u^2 = \frac{n}{n-1} s^2 = \frac{1}{n-1} \sum_{k=1}^{n} (X_k - \bar{X})^2$$

5 標本分散と不偏分散の違いを表計算ソフトで確認

標本分散と不偏分散（標本標準偏差と不偏標準偏差）の違いを表計算ソフトで確認してみましょう。左のデータは2時限目04で使用した成績のデータです。

A組の生徒全員のデータですが、便宜上、全国の高校生から無作為に抽出した結果と考えます。

そのとき、この試験の成績がどのくらいバラついていたか、それを、標準偏差を計算することで考えてみよう、という状況を想定しています。

● 関数を用いて標本分散と不偏分散を求めた結果

出席番号	A組（点）
1	23
2	67
3	55
4	98
5	45
6	28
7	10
8	74
9	55
10	64
11	63
12	23
13	47
14	87
15	82
16	90
17	13
18	43
19	54
20	68
平均点	54.45
標本標準偏差	25.01
不偏標準偏差	25.66

表計算ソフトには、標準偏差を計算する関数として、**STDEV.P()**と**STDEV.S()**という2種類の関数が用意されています。前者は、（標本）標準偏差を計算する関数、後者は不偏標準偏差を計算する関数です。ここでは使用しませんが、同様に、標本分散と不偏分散を計算する**VAR.P()**と**VAR.S()**という関数もあります。

表の一番最後を見てください。それぞれ、**STDEV.P()**と**STDEV.S()**を用いてデータの標準偏差を計算した結果が示されています。不偏標準偏差のほうが、少し、大きな値になっていることを見てとることができるでしょう。

ここがポイント

- 標本分散は、十分な標本サイズがない場合、母分散よりもわずかに小さくなる
- その場合は不偏分散を用いる

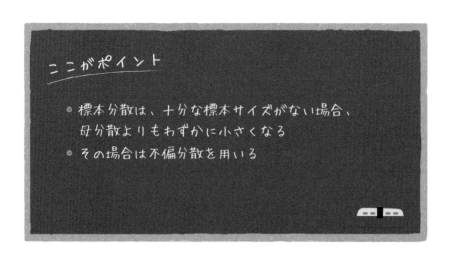

05 標本平均と母平均の差はどうなるか
――中心極限定理

1 「誤差の分布」は正規分布に従う

何度も指摘してきたとおり、標本平均は確率変数なのでさまざまな実現値をとります。したがって、その期待値が母平均に一致するとはいえ、標本平均自体は母平均と一致するとは限りません。

標本平均と母平均の差を「**誤差**」と考えたときに、その誤差はどうなるでしょうか。実は、元の分布が何であれ、この値は正規分布に従います。

2 中心極限定理

標本データが独立のとき、母集団の分布が何であれ、十分に大きな標本から求めた標本平均は、正規分布に従います。これを「**中心極限定理**」といいます。初心者は、中心極限定理と大数の法則と混同してしまうかもしれません。中心極限定理は大数の法則を補足する（対になる）もので、標本平均と母平均の誤差の分布は、標本サイズが大きくなると正規分布になる、というものです。中心極限定理の証明は少し難しいので本書では割愛しますが、これはとても重要な性質です。

母集団がどのような分散であっても成り立つ

標本平均$\bar{X}$、母平均μ、母分散σ^2を用いて、下の確率変数Zを考えましょう。このとき、中心極限定理により、確率変数Zは標準正規分布に従います。

驚くべきことに、この性質は元の母集団の分散によらず成り立ちます。言い換えれば、どんな分布に従う確率変数であっても、母集団から標本を抽出して標本平均を計算、その値をもって母平均を推定したとすると、真の値である母平均からの誤差は正規分布に従うのです。

● 中心極限定理の式

$$Z = \frac{\bar{X} - \mu}{\sigma / \sqrt{n}}$$

3 Rで確認してみよう

中心極限定理が本当に成り立つことを、Rを使って確かめてみましょう。下のRプログラム（**clt.R**）を使用します。Rを起動して、Rのプロンプトから**source("**ファイル名**")**とするとプログラムを読み込んで実行することができます。

pは母集団です。冒頭で**p <- rnorm(10000)**としているので、母集団は**標準正規分布**に従う要素数が10000個のデータです。標本サイズを100とします。標本の抽出を1000回、すなわち100個の標本を作成して標本平均を計算します。母平均と母標準偏差を用いて、確率変数Zに変換（この操作のことを「**標準化**」といいます。標準化については4時限目07

● 中心極限定理を確認するプログラム（clt.R）

```
p <- rnorm(10000)
a <- c()   # 標本平均を格納するベクトルをクリアしておく
n <- 100   # 標本サイズは100
mu <- mean(p)   # 母平均と母標準偏差を計算
sigma <- sqrt(var(p))
for (i in 1:1000) {   # 標本数は1000
  d <- sample(p, 100)   # 100個の標本データを無作為抽出
  x <- mean(d)   # 標本平均を計算
  z <- (x - mu)/(sigma/sqrt(n))
  a <- c(a, z)   # 標本平均を計算してベクトルに追加
}
```

● プログラムを実行

```
> source("clt.R") ↵
> hist(a, col="skyblue") ↵
```

で解説）します。１０００回の試行の結果が、ベクトルaに記録されていきます。

次ページ上のグラフは、結果をヒストグラムに描いたものです。標準正規分布に従っていることがわかります。**hist(a, col="skyblue")**としました。横軸を揃えたいのであれば、**xlim=c(-3,3)**というオプションを付けてもよいかもしれません。

4 他の分布ではどうか

中心極限定理は、母集団の分布によらず、最終的に描かれるヒストグラムは同じような形になるはずです。それを確かめてみましょう。先ほどのRプログラムで、母集団のデータを変えることで確認できます。

さきほどは母集団を標準正規分布のデータとしましたが、試しに**二項分布**に従う１００００個のデータとしてやり直してみたのが次ページ下のグラフです。変更した部分は、冒頭の1行を**p <- rbinom(10000, 10, 0.5)**と変更しただけです。

シミュレーションなのでまったく同じ分布にはなりませんが、似たような形になっていることはわかります。その他にも、Rには**runif**（一様分布）、**rexp**（指数分布）など、さまざまな分布のデータを作る関数が用意されているので、いろいろと変更させて試してみるとよいでしょう。

p <- runif(10000, -50, 50)というように、さまざまな分布に対応したパラメータを指定することもできます。

● 母集団が標準正規分布の1,000個のZをヒストグラムに描いたもの

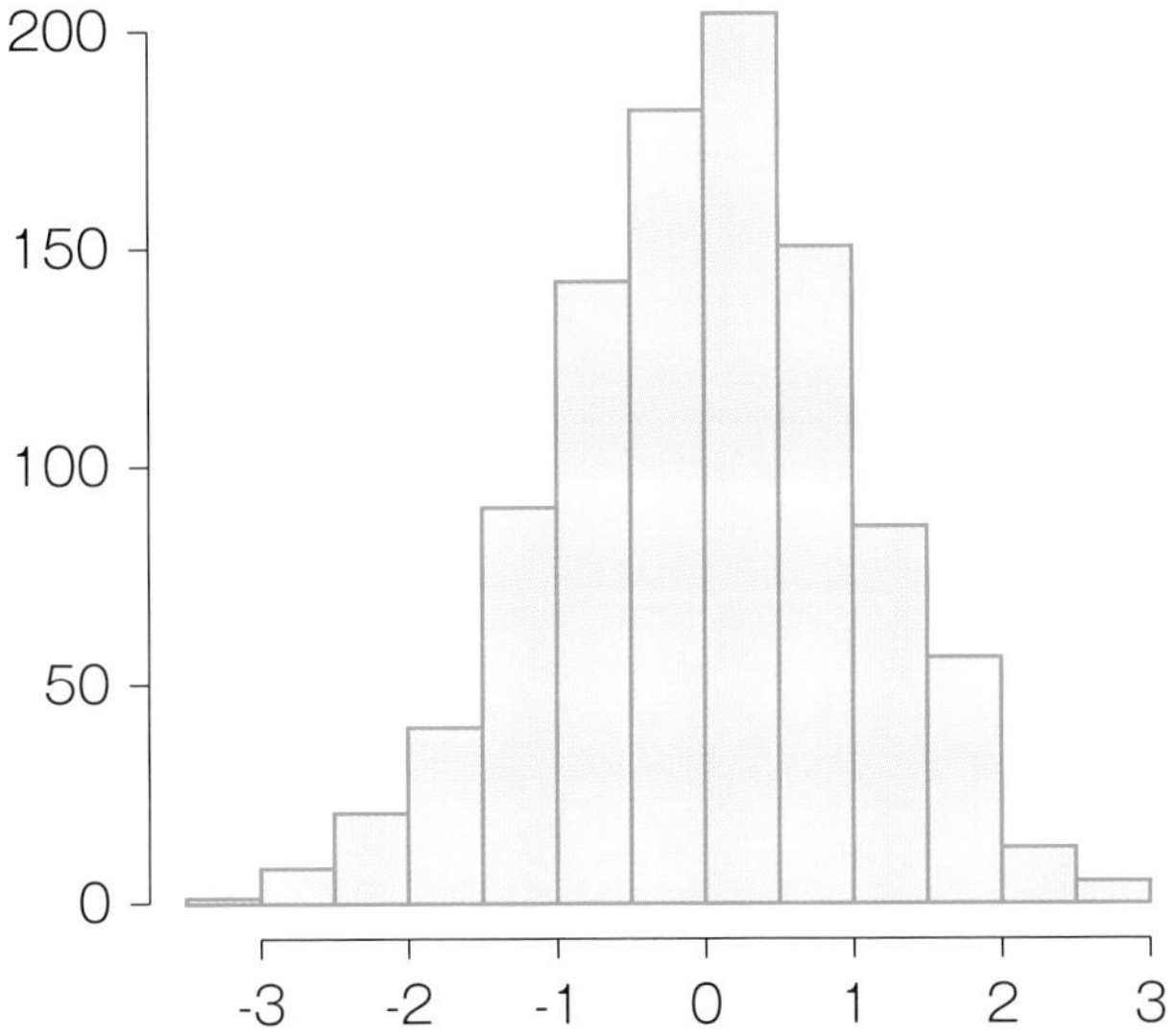

● 母集団が二項分布の1,000個のZをヒストグラムに描いたもの

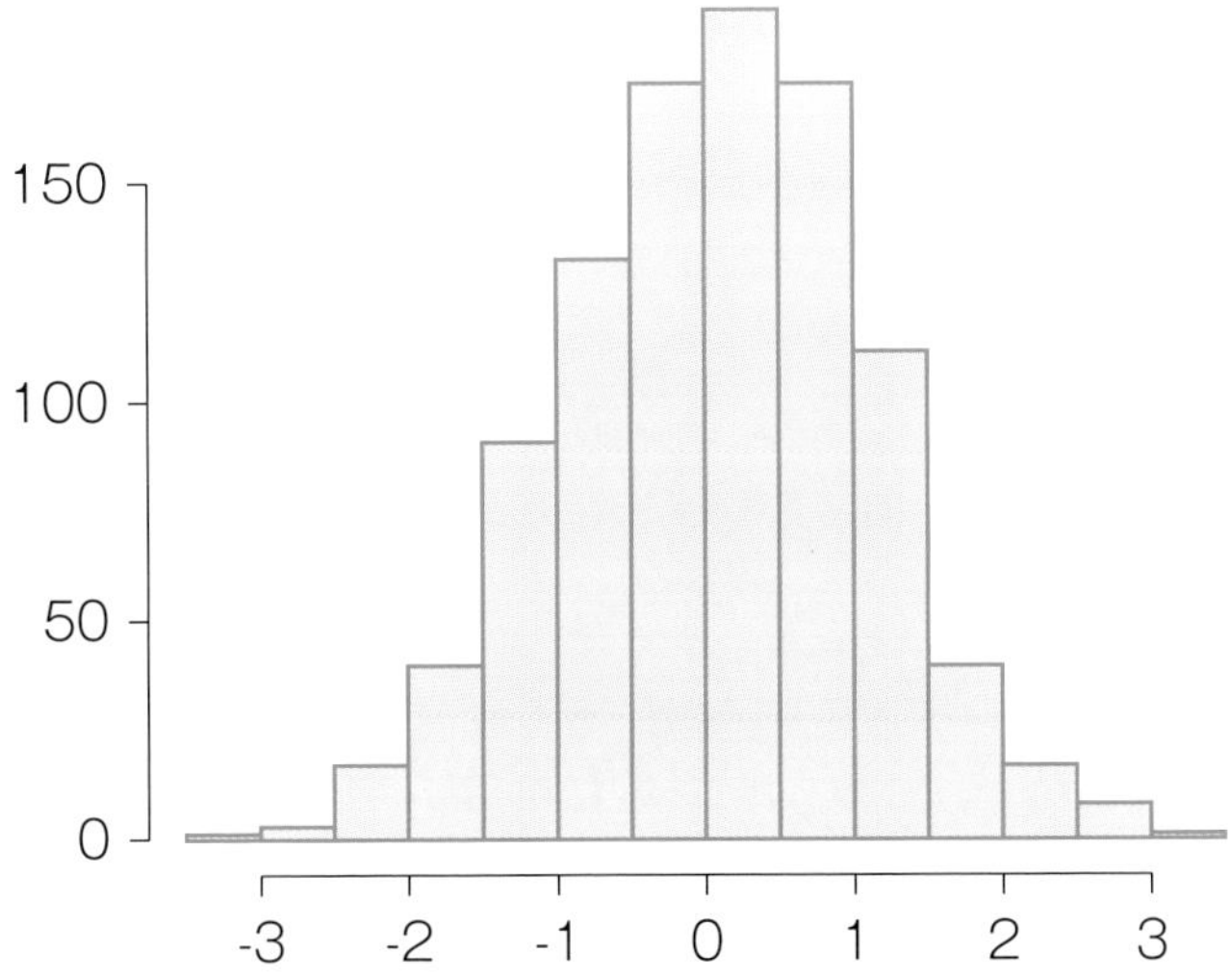

この例では、マイナス50から50までの一様分布を指定しています。いずれにしても、中心極限定理によって、最終的には同じような結果が得られることを確かめることができるはずです。

簡単に言うと、標本の平均は標本サイズを大きくすると母平均に近づくというのが中心極限定理です。

ここがポイント

- 母平均と標本平均の誤差は、標本サイズが大きければ正規分布になる。これを中心極限定理という
- 母集団がどのような分散（例えば標準分散や二項分散）であっても成り立つ

06 データから母集団の値を推定する
――点推定と区間推定

1 母集団の性質を推定する方法

ここまで、母集団と標本の関係や、標本から得られるさまざまな統計量、その期待値がどうなるのかなどを説明してきました。本節と次節では「母集団の値を推定する」ことを考えます。

手元のデータから母集団の値をどのように推定すべきかという議論です。本節では、まず「点推定」と「区間推定」という考え方を紹介します。

2 母数の推定に使える道具

知りたいのは「**母集団の統計的な性質**（母平均や母分散など）」です。これを「**母数**」といいます。母集団のすべての要素を対象として「その値の平均値は何か」や「その分散はどうなのか」

などを知りたいわけです。しかし、母集団の数が多いので全数調査はできない。そのため「いくつかの標本を無作為抽出して標本調査を行った」というのが5時限目で解説してきた内容でした。なお、母数は母集団から得られた平均（母平均）や分散（母分散）ではなく、あくまで標本から推定できる母集団の性質を意味します。

標本が手元にあるので、標本データを対象として平均値を計算すれば**標本平均**を求めることができます。標本データから分散を求めれば**標本分散**が求められます。そして「標本分散の期待値を丁寧に計算してみたら、母分散よりも少し小さめに計算されてしまう」ということがわかったので、それを是正するために**不偏分散**という統計量を計算するのだということを説明しました。

また、**大数の法則**で「標本データどうしが独立ならば、標本平均は標本サイズを増やすほど母平均に近づく。そして標準誤差は0に近づく」ということもわかりました。何回も標本を作成したとき、その標本平均のバラツキ具合は、標本サイズを大きくすれば、0に近付けることができるということもすでに知っています。そして、**中心極限定理**から、「母集団がどんな確率分布であっても、十分に大きな標本の誤差は正規分布に従う」ということも学びました。

これらのことから、手元にある標本から母集団の統計量をどのように推測すればよいでしょうか。

3 点推定

点推定とは、推定すべき母数を、標本から計算される統計量をそのまま当てはめるやり方で推定する方法です。「一点で推定する」ので点推定といいます。

最初の例として、母平均μの推定を考えましょう。計算できるのは標本平均$\bar{X}$ですが、4時限目02でその期待値はμに一致することがわかっています。そうであれば、標本平均の値をもって母平均の推定値としてしまってもよさそうですね。母平均μの推定値を$\hat{\mu}$と表すとすれば、下の式1で母平均の推定値が計算されることになります。

母分散はどうでしょうか。標本分散s^2の期待値は、母分散よりも少なくなってしまうということが、4時限目04でわかっています。したがって、標本分散を用いて母分散の推定値$\hat{\sigma}^2$とするのは少し都合が悪そうです。

標本分散ではなく不偏分散u^2を用いれば、この問題は解決します。不偏分散u^2の期待値は母分散σ^2に一致するの

● **標本平均の値で母平均の推定値を求める** 式1

$$\hat{\mu}=\bar{X}$$

● **不偏分散を用いて母分散の推定値を求める** 式2

$$\hat{\sigma}^2=u^2$$

で、前ページ下の 式2 ように、母分散の推定値として使用してもよさそうです。

4 不偏性

点推定の適切さを考えるときに、その期待値が母数と一致するか否かを問題にしました。すなわち「標本平均 $\bar{X}$ の期待値は母平均 μ に等しくなる」あるいは「不偏分散 u^2 の期待値は母分散 σ^2 に等しくなる」ことを根拠にして、それをもって推定値としてよいのではという考え方です。

この考え方のことを「**不偏性**」といいます。不偏性とは「**その推定値が母数の推定値として大きめにも小さめにも見積もっていない**」という性質です。推定値の期待値をとると母数と等しくなること、それをもってその見積もり、推定が妥当であることを保証しようという考えに基づいています。

このような性質を満たす推定量のことを「**不偏推定量**」といいます。標本分散に対して不偏分散を考えたのは、推定値としての不偏性を見越してのことです。それゆえに「不偏」分散という名前になっていたのです。

5 点推定と区間推定

一点で推定していいのか

ところで「**一点で推定してしまって本当によいのか**」と疑問を持つ人もいるかもしれません。その心配は当然です。なぜならば、ここまで議論してきた話は、ある種の「理想的な状態」を扱っているからです。大数の法則には「標本サイズを十分に大きくすれば」という但し書きが付いていました。また「何度も標本を作成すればそのバラツキが0に近づく」ということは、何回も標本をとって計算する作業を示唆しています。

中心極限定理も同様です。「何回も標本をとったときの誤差は正規分布になる」ということを述べているだけであって、1回の標本から計算された標本平均がどこに落ちるかについては一切述べていません。

● 点推定と区間推定

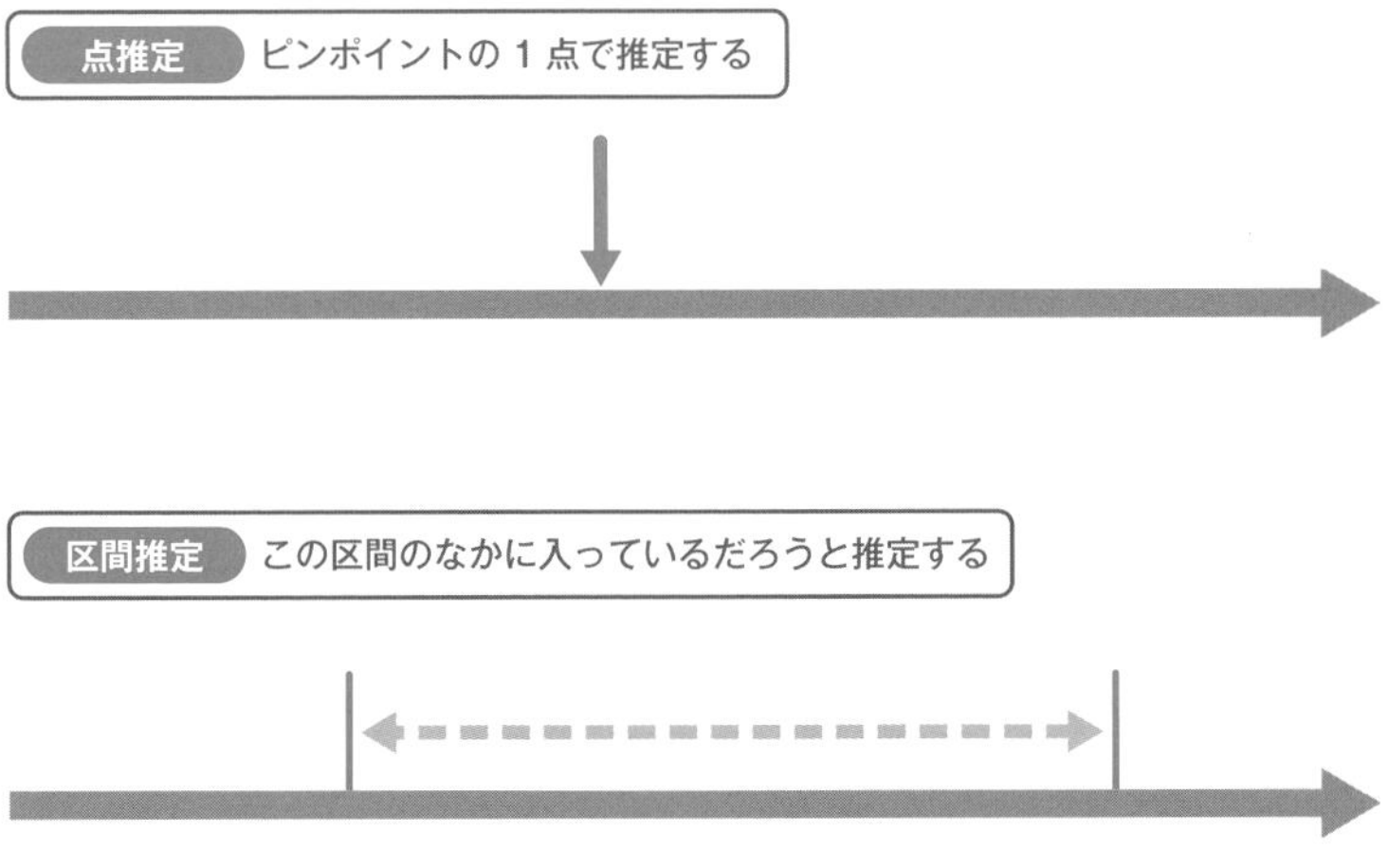
点推定
ピンポイントの１点で推定する
区間推定
この区間のなかに入っているだろうと推定する

ものすごく外れた標本平均が計算されてしまう可能性だってあります。

区間推定

そこで、「その推定値はどのくらい確からしいか」ということを、もう少し幅をもたせて推定しようではないかという考えが浮かびます。それが「**区間推定**」の方法です。

ピンポイントで推定値を考える点推定に対し、区間推定では母数（母集団の統計的な性質）が含まれるであろう区間を推定するということを考えます。２つの値を推定し、その区間に母数が入る確率がどれくらいあるだろうという計算を行うのです。

点推定と区間推定の考え方の違いを前ページの図に示しました。次節では具体的な区間推定のやり方を説明します。

ここがポイント

- 標本データから母集団の性質（母数）を推定できる
- 不偏性を持つ推定量（不偏推定量）を用いれば、標本データから母集団の性質を推定できる

07 標本から母平均がどのように推定されるか
―平均値の区間推定

1 ある確からしさを持つ区間で母平均を推定する

前節で点推定と区間推定の概念を紹介しました。4時限目の最後に、区間推定の計算を実際にやってみましょう。区間推定の方法を用いて、標本から母平均がどのように推定されるかを順を追って確認します。中心極限定理がうまく使われていることに注意してください。

2 標準化

ある確率変数Xを考えます。このときXを用いて、次ページの 式1 で変換された変数Yを考えてみましょう。ここでμは平均値、σは標準偏差を表します。なお、確率変数を四則演算した結果の変数も確率変数であることから、変数Yも確率変数であることに注意しておきます。

さて、この確率変数Yの期待値はどうなるでしょうか。3時限目08で解説した期待値の線形性から、下の 式2 が成り立ちます。

さらに、$E[X]=\mu$なので、Yの期待値は0となります。計算は省略しますが、同様に分散の性質を用いれば、確率変数Yの分散は1になることを示せます。このように平均を0、分散を1にするような操作のことを「**標準化**」といいます。

3 標準化と偏差値

標準化の意味を考えてみましょう。

σで割っているので、確率変数Yの単位はどうなるでしょうか。例えば、確率変数Xを、無作為に抽出した学生の身長だったとしましょう。その単位はm（メートル）またはcm（センチメートル）でしょう。標準偏差も同じ単位を持つので、σで割っている変数Yは無次元量（単位のない数。無次元数とも）です。

また「分散を1にする」ということは、「散らばり方を揃え

● 確率変数Yの定義 式1

$$Y=\frac{X-\mu}{\sigma}$$

● 期待値の性質から導いた確率変数Yの期待値 式2

$$E[Y]=E[\frac{X-\mu}{\sigma}]=\frac{1}{\sigma}(E[X]-\mu)$$

る」ということを意味します。無次元量にして散らばり方を揃えてあげれば、さまざまな統計量を比較しやすくなりますね。無次元量にしておいて、「どれだけ標準（平均）から外れているか」という指標で考えることで、さまざまな統計量を比べやすくしようという意図があるのです。

似たような議論を3時限目07で説明しました。分散と標準偏差の関係、偏差値を解説した箇所です。偏差値とは、標準化された確率変数を10倍して50を足したものです。これを説明すると「平均が50となるように、分散が＋1であるようなデータが＋10となるように、その値を調整した値」なのです。

4 標本平均の標準化

ここで標本平均$\bar{X}$を標準化します。

中心極限定理により、nが十分に大きければ、標本平均$\bar{X}$は期待値μ、標準偏差$\sigma/\sqrt{n}$の正規分布に従うとみなすことができます。実は、中心極限定理を説明したときに標準化まで考えていたのですが、あらためて標本平均$\bar{X}$を標準化した確率変数Zを考えてみます（下の式）。このとき、確率変数Zは標準正規分布に従うということになります。

次ページの図は、標準正規分布を図示したものです。標準偏差がマイナス

● **標本平均 $\bar{X}$ を標準化する**

$$Z=\frac{\bar{X}-\mu}{\sigma/\sqrt{n}}$$

1から1までの間におよそ68%が、マイナス2から2までの間（正確には−1.96から1.96までの区間）におよそ95%が含まれていることを示しています。

ちなみに、3σを超える割合は千分の一程度です。これは偏差値に換算すると80を超える場合に相当します。偏差値80以上はそれほど少ないということがわかります。

5 信頼区間

それでは、確率変数Zが本来の母平均（から相当される期待値である）0に近い値となる確率はどのくらいでしょうか。

下の標準正規分布図の90%の区間に着目してみましょう。90%、つまりその確率が0.9となる区間は、だいたい−1.64から1.64までの区間であるということがわかります。これにより次ページの **式1** （Pは母集団）が成り立ちます。

● 標準正規分布のグラフ。−1 ～ 1 が約 68%、−1.64 ～ 1.64 が約 90%、−2 ～ 2 が約 95%となっている

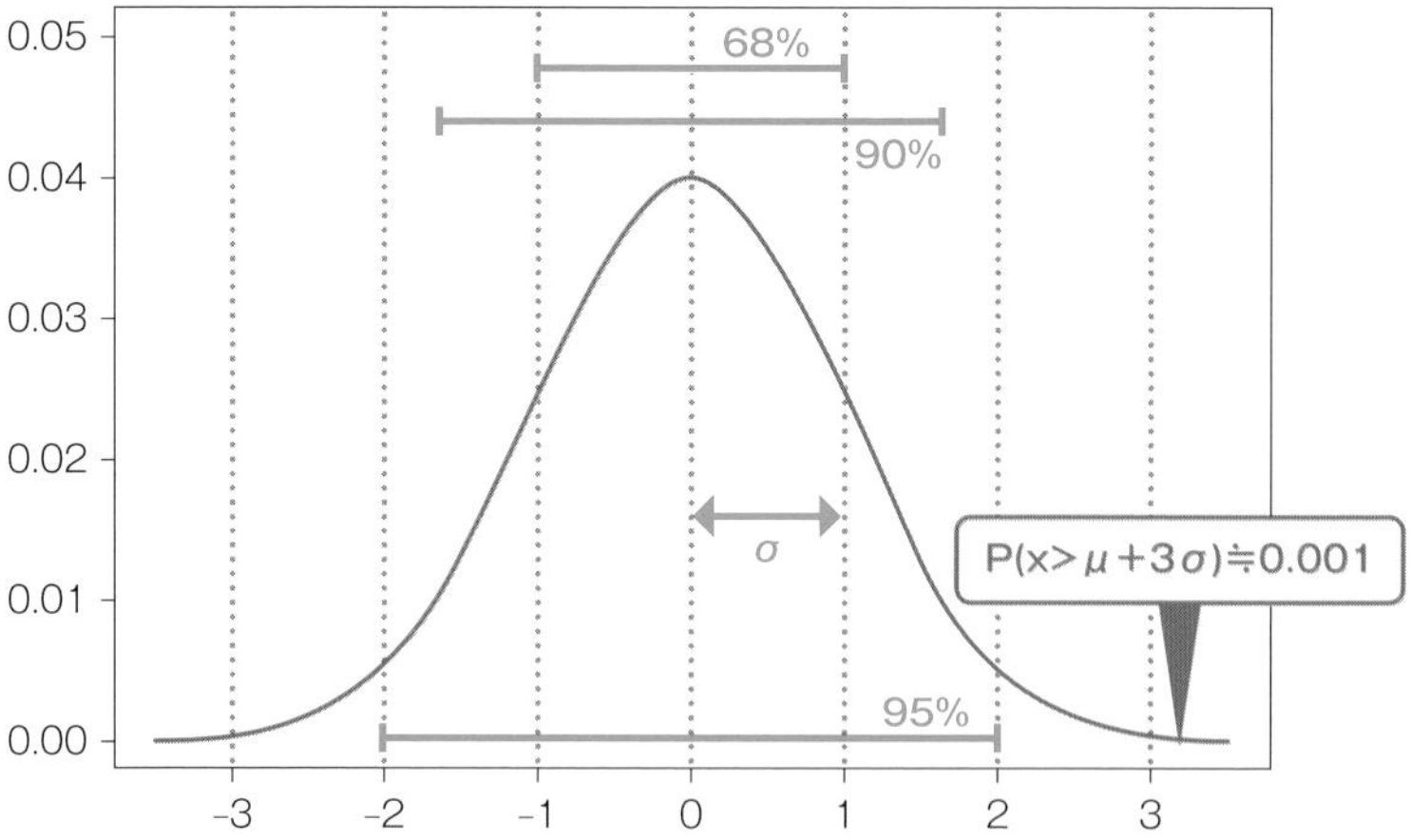

確率変数Zを元の標本平均$\bar{X}$に戻すと、式1は式2になります。さらにこの式は、式3のように変形できます。

繰り返し指摘しますが、母平均μは未知数です。しかし、この式は、標本平均$\bar{X}$が求められたときに、その両側に幅をもたせた区間の間に母平均μが含まれていることを意味しています。この区間のことを「**信頼区間**」といい、この例では90％信頼区間といいます（下の図）。

● **90%（確率 0.9）となる区間** 式1

$$P(-1.64 \leq Z \leq 1.64) \simeq 0.90$$

● **確率変数 Z を標本平均 $\bar{X}$に戻す** 式2

$$P\left(-1.64 \leq \frac{\bar{X}-\mu}{\sigma/\sqrt{n}} \leq 1.64\right) \simeq 0.90$$

● **母平均μが中心となるように変形する** 式3

$$P\left(\bar{X}-1.64\frac{\sigma}{\sqrt{n}} \leq \mu \leq \bar{X}+1.64\frac{\sigma}{\sqrt{n}}\right) \simeq 0.90$$

● **90%信頼区間**

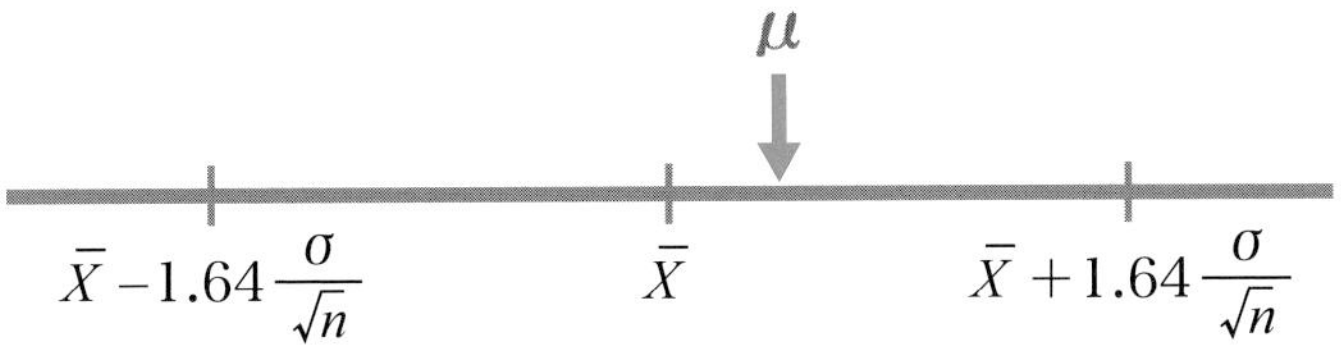

6 信頼区間の性質とt分布

標本サイズを大きくすれば、両側のプラスマイナスの項が0に近づいていくので、区間が狭まることは明確です。ここでも、標本サイズを大きくすることで標本平均$\bar{X}$から母平均μを推定する精度が高くなることがわかります。

また、このケースでは90％信頼区間を考えましたが、より確率を高めて95％信頼区間を考えたとすると、−1.64～1.64という係数が−1.96～1.96となるので、推定すべき区間は多少広くなることもわかります。

ところで「標準偏差σも未知数なのでは」ということに気付いた人は、きちんと議論を追えていて素晴らしいです。そうです。ここで考えている標準偏差は母標準偏差であって、母平均同様に未知数です。

一般には母分散や母標準偏差は未知数なので、母分散σ^2の代わりに不偏分散u^2を使って計算します。このときZに相当する変数は、正規分布ではなく自由度n−1のt分布（自由度とは分布のパラメータです。）に従います。t分布は自由度が大きくなると正規分布に近づく分布です。この分布を用いることで、標本から計算される統計量で母平均の信頼区間を計算することができるのです。

5時限目

全体の傾向を知る（回帰分析と相関）

複数の変数の関係性を測るのが相関、複数の変数の関係性をモデル化するのが回帰分析です。

01 模試の結果から本番試験を予測する
──回帰分析

1 2つの変数の関係をモデル化する

5時限目では、複数の変数の関係を学びます。複数の変数を対象として考えることで、複雑な事象について全体の傾向を把握しやすくなります。

ここでは、2つの変数の関係性を定式化します。最初に、もっとも簡単なモデルである「**回帰分析**」を紹介します。回帰分析とは、目的となる変数と説明する変数の関係を求めて、モデル化する分析方法です。なかでも基本となる「**線形回帰**」から始めます。

2 独立変数と従属変数による線形回帰

2つの変数を考えます。それぞれを「**独立変数**」「**従属変数**」と呼びます。最終的に求められる式は独立変数から従属変数が定まるのでその順番で紹介しましたが、考え方を説明するためには従属変数から紹介したほうがよいでしょう。

従属変数＝目的変数、独立変数＝説明変数

従属変数は「**目的変数**」とも呼ばれます。なぜ「目的」なのかというと、従属変数を独立変数で説明することを目的とするからです。そして、独立変数は「**説明変数**」とも呼ばれます。目的変数を「説明」するための変数として位置付けられるので説明変数なのですね。

従属変数を、独立変数の一次式で説明しようとするモデルを「**線形回帰**」といいます。従属変数をY、独立変数をXとすると、下の式で説明を試みるというものです。aとbはパラメータです。XとYの実現値の組が多数観測されたときに、そのデータからaとbの値を決めて、いちばん適切に表現できるモデルを定めます。

一次式で示されるので、XとYの関係は直線で表されます。そのため、線形回帰という名前が付いています。

線形回帰の定義

$$Y = aX + b$$

3 具体例で考える

独立変数と従属変数を具体例で考えましょう。独立変数は「模試の成績」、属変数は「本番試験の成績」とします。模擬試験の成績から、本番試験の成績を説明します。

模擬試験と実際の試験の背景には、各生徒の理解力が関係しています。多少のバラツキはあるでしょうが、できる生徒はどちらの試験でも優秀な成績を残し、そうではない生徒はそれなりの成績を示す傾向になるはずです。

次ページの表に、模試の成績と本番試験の成績を示しました。どちらも500点満点の試験です。平均点を見ると、本番試験のほうが少し難しかったようですね。さて、独立変数である模試の成績Xと、従属変数である実際の試験の成績Yの間には、どのような関係があるでしょうか。

X軸に独立変数を、Y軸に従属変数をとって、散布図を描いてみます（189ページの図）。

● 模擬試験と本番試験での成績（500点満点）

出席番号	模擬試験の成績（点）	本番試験の成績（点）
1	269	194
2	425	357
3	324	283
4	65	125
5	296	261
6	431	432
7	127	186
8	165	138
9	401	286
10	139	135
11	194	234
12	318	396
13	396	358
14	348	260
15	498	458
16	137	82
17	342	365
18	27	75
19	148	63
20	470	332
平均点	276	251

4 回帰式からの予測

この散布図の左上に、実際のデータから計算された**回帰直線の式**を記載しています。$Y = 0.7816X + 35.268$です。一次式の係数が0.7816、切片（縦軸との接点）が35.268と計算されています。これらの値がどのように計算されるかについては次節で説明します。

この式を用いれば、実際の試験の成績を予測することができます。模擬試験の成績が２００点だったとしたら、実際の試験での成績はどのくらいだと予想できるでしょうか。独立変数Yに２００という数値を入れて、従属変数$\boldsymbol{Y}$の値を計算します。$0.7816 \times 200 + 35.268 = 191.588$です。実際には必ずこのとおりになるとは限りませんが、ある程度の予測には使えます。

● **模擬試験と本番試験の成績の関係**

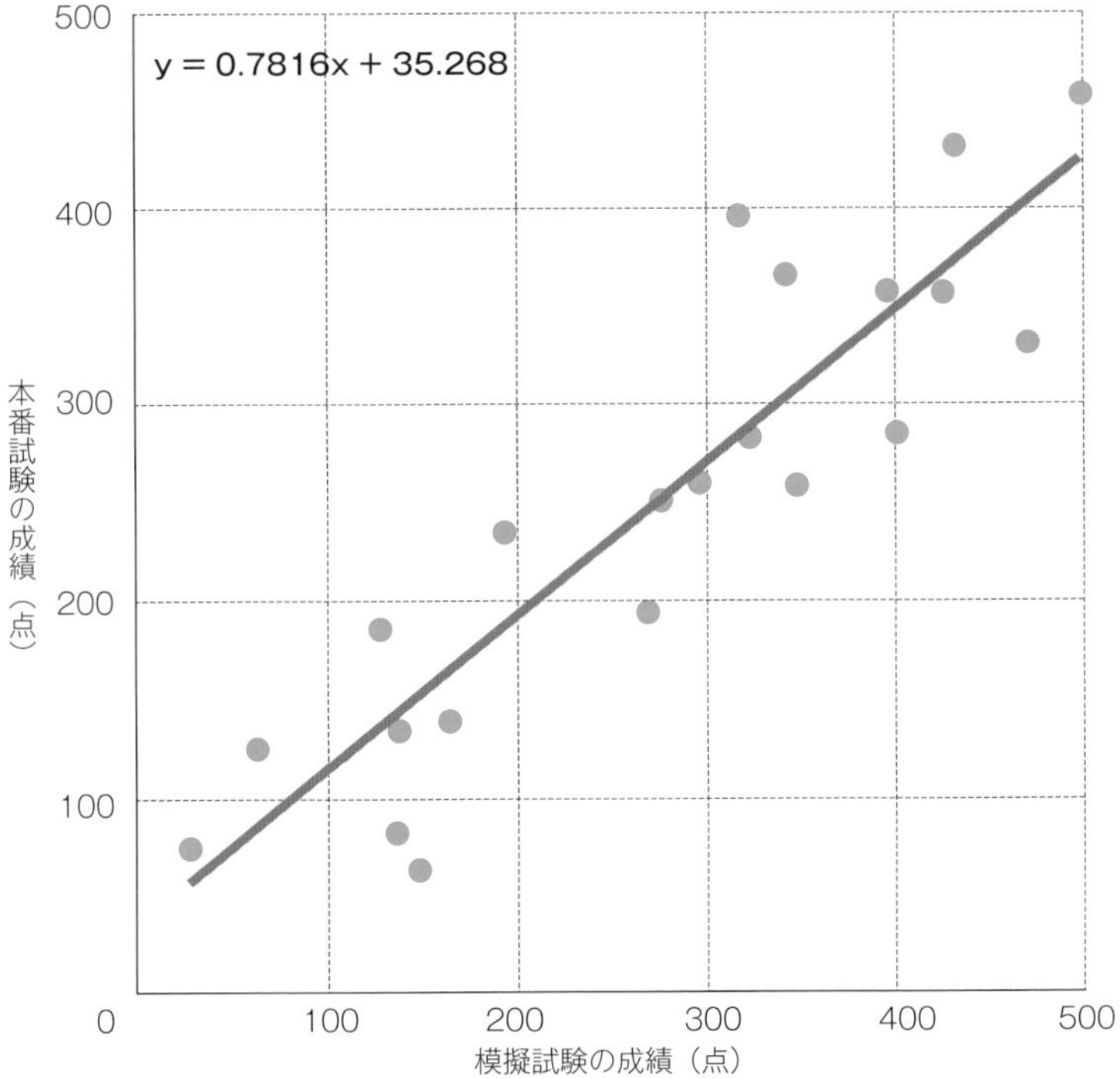
y = 0.7816x + 35.268
500
400
300
200
100
0
100
200
300
400
500
本番試験の成績（点）
模擬試験の成績（点）

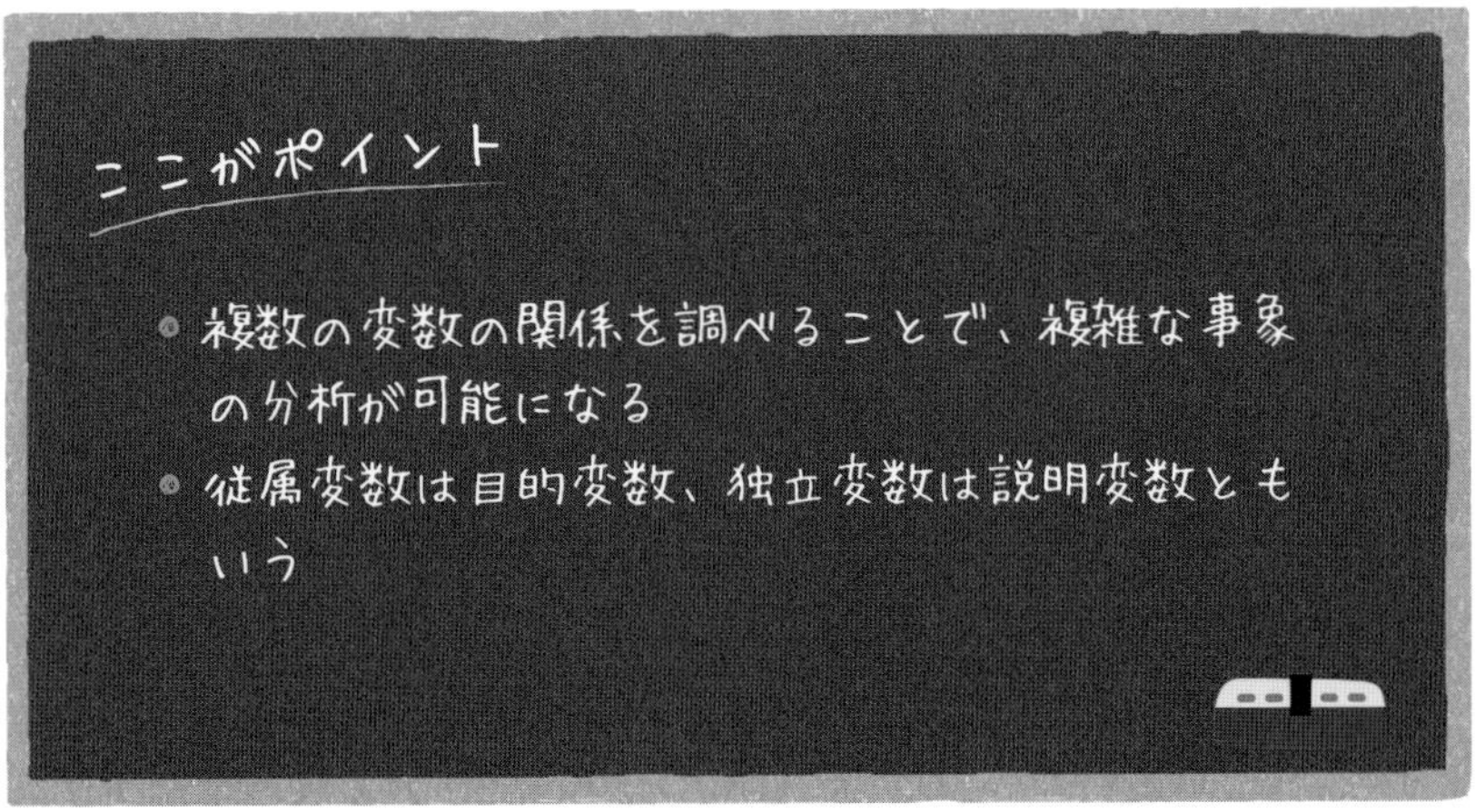
ここがポイント
● 複数の変数の関係を調べることで、複雑な事象の分析が可能になる
● 従属変数は目的変数、独立変数は説明変数ともいう

02 回帰直線を定める計算
―直線の当てはめ

1 最小二乗法でパラメータを求める

前節で、線形回帰で独立変数と従属変数の関係を説明することに触れました。そこでは、具体的なデータに対して回帰直線が定まることを確認しました。

ここでは、回帰直線を定める計算のパラメータの求め方を説明します。基本的な考え方を示したうえで、実際の計算方法を説明します。

2 「誤差を最小にする」という考え方

独立変数と従属変数の関係には、それぞれのデータで多少のバラツキがあります。一般的には、散布図を描いたときに、回帰直線の上にきれいに点が並ぶということはありません。それでは、

● 誤差を最小にする直線の決定

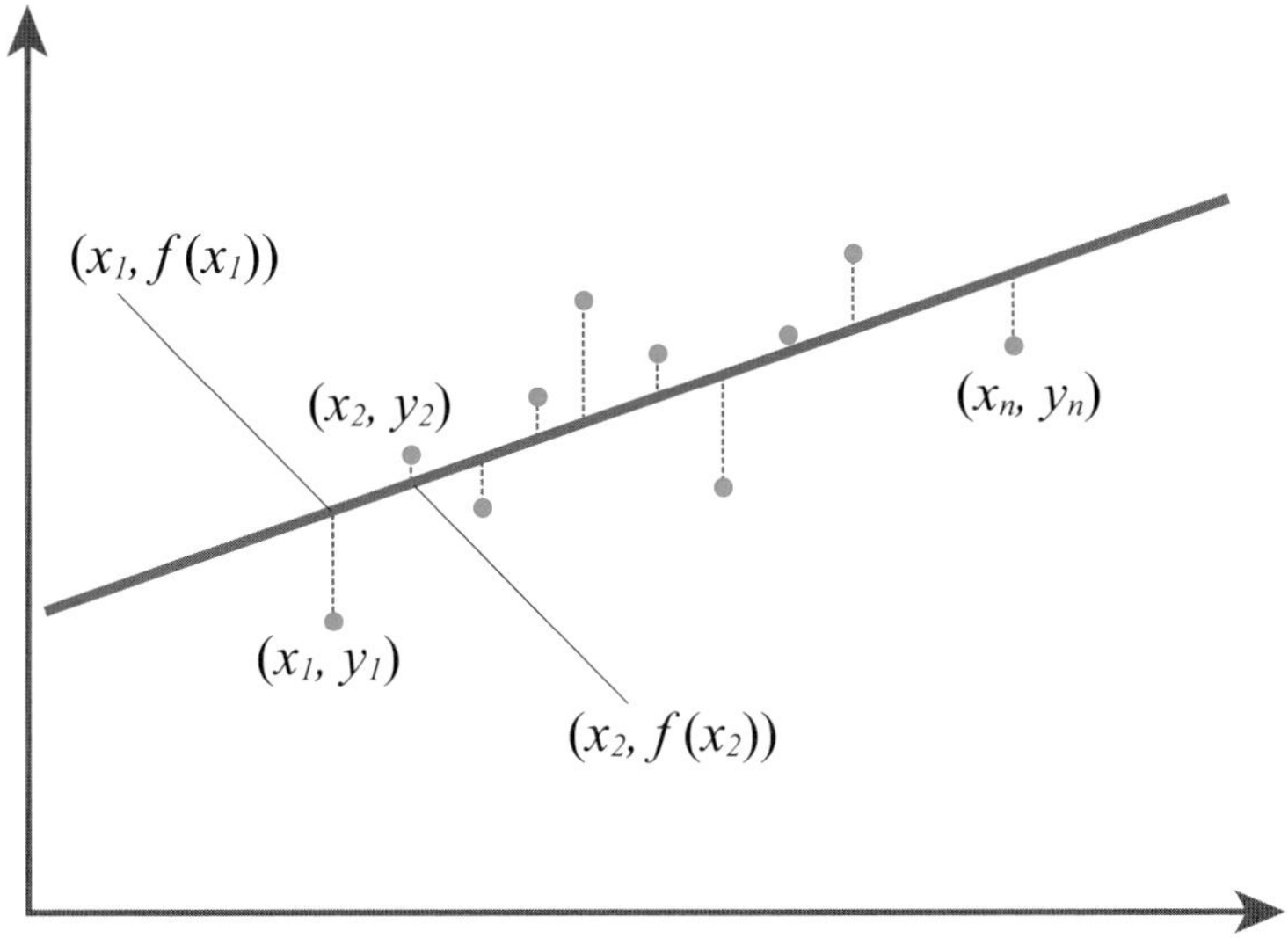

● 誤差が相殺されて不適切なモデルが選択されてしまう例

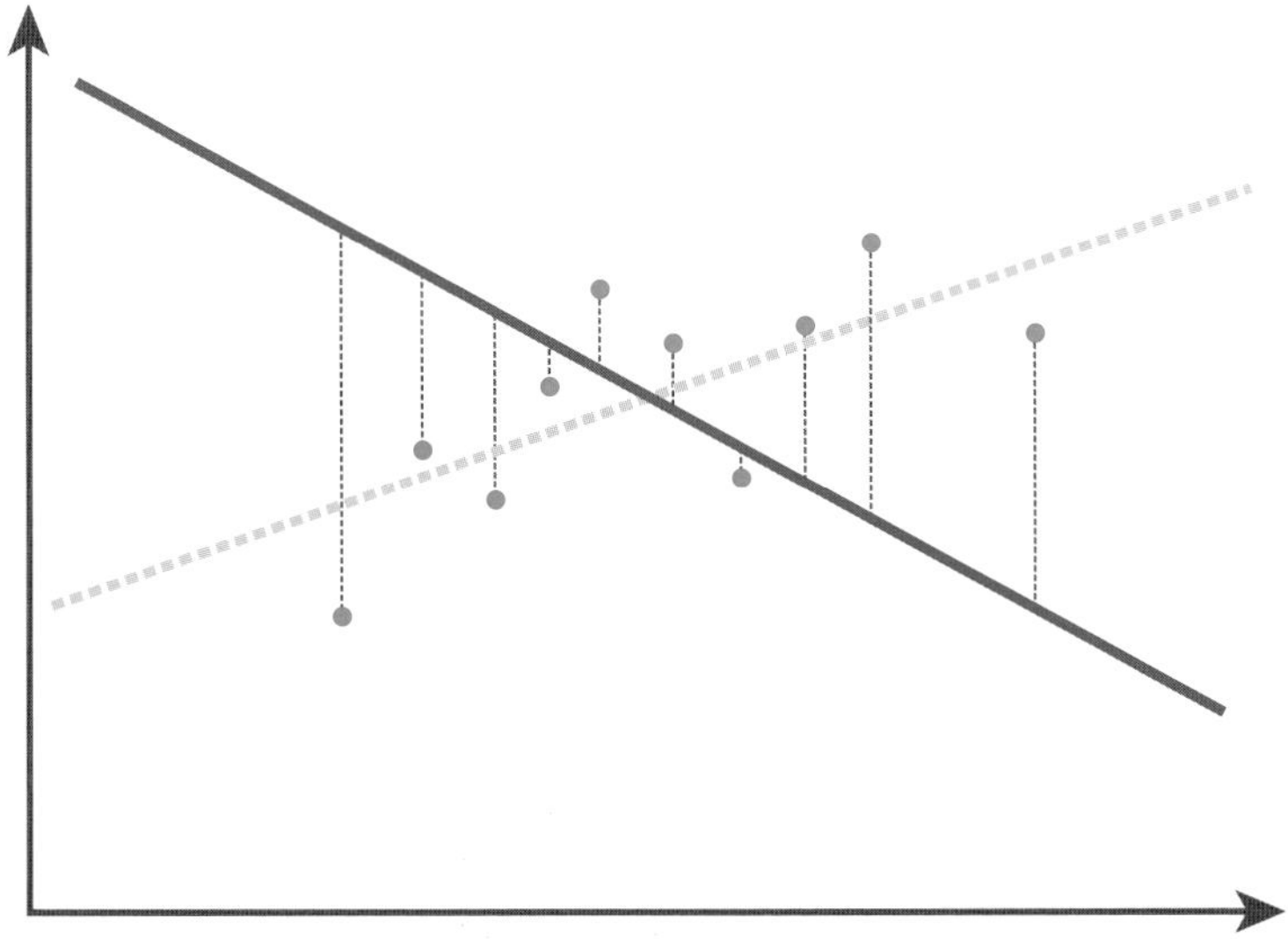

どのように回帰直線を引くと、もっとも「それらしい」直線になるのでしょう。

モデルの当てはめをするときによく適用される考え方は、「誤差を最小にする」というものです（前ページの上図）。今回説明しているモデルは直線ですが、非線形モデルであっても同様です。

n個の独立変数の値を$\{x_1, x_2, \dots, x_n\}$とします。このとき、それぞれに対応する従属変数の値は$\{y_1, y_2, \dots, y_n\}$ですね。このとき求めるべき回帰直線の式を、下の式のように関数として表しましょう。

このとき、独立変数の各値x_iに対応する回帰直線上の点は、$(x_i, f(x_i))$と表すことができます。

ここで、実際のデータ(x_i, y_i)とモデル上のデータ$(x_i, f(x_i))$の差を考えます。

y_iは従属変数として実際に得られた数値であること、$f(x_i)$は仮に計算されているモデル上のデータであるということに気をつけてください。それらの誤差は、先に示した図において点線で示されています。すべてのデータについて、この誤差をもっとも小さくするように引いた直線が、もっとも「それらしい」直線といえます。

● 誤差を最小にする線形モデルの定義

$$y=f(x)=ax+b$$

3 最小二乗誤差

誤差を最小にするときには「誤差の総和」ではなく**「誤差の二乗の総和」**を考えます。なぜならば、誤差には正負があるため、単純な誤差の総和を考えてしまうと、正負が相殺して適切ではない状況が選ばれてしまうことがあるためです。

191ページ下の図は、誤差が相殺されて不適切なモデルが選択されてしまった例です。本来、点線で示すようなモデルが選択されるべきですが、散らばり具合に十分にフィットしていない直線が選ばれています。このとき、直線の下にくる点についてその誤差 $y_i - f(x_i)$ はマイナスの値となり、直線の上にくる点に関して誤差はプラスの値になっています。したがって、単純に誤差の総和を計算しただけでは、それぞれの誤差の絶対値がいくら大きくても、すなわち、モデルが実際のデータから大きく外れていたとしても、プラスとマイナスが相殺して0になってしまうことが起こり得るのです。

そのような状況を防ぐために、適切なモデルを選択するための計算としては「誤差の二乗の総和」を考えます。誤差の二乗は必ず正の値をとるので、その総和が小さくなるようなモデルを考えるのです。絶対値を考えてもよいのですが、計算が煩雑になるため通常は二乗の総和を扱います。

4 パラメータの計算方法

すべてのデータを使って、誤差の二乗が最小になるように計算し、aとbの値を決定します。誤差の二乗の総和Rは 式1 で計算されます。

この値を最小にするような、aとbの値を求めればよいわけです。xとyは既知のデータなので、この式はaとbの2次式です。したがって、それぞれを偏微分して0と置いた式からaとbを求めれば、最小値をとるaとb、それぞれの値が求まります（ 式2 ）。

これを解いて、aとbを求めます。途中の計算は省略しますが、この2つの式から、次の連立方程式が得られます（ 式3 ）。

これを解くと次ページの 式4 のようになります。この式から、最終的にaとbは次ページの 式5 で求めることができます。

● 誤差の二乗和 式1

$$R=\sum_{k=1}^{n}(f(x_k)-y_k)^2=\sum_{k=1}^{n}((ax_k+b)-y_k)^2$$

● パラメータで偏微分して０と置く 式2

$$\frac{\partial}{\partial a}R=0,\ \frac{\partial}{\partial b}R=0$$

● 式２から導かれる連立方程式 式3

$$\begin{pmatrix}\sum_k x_k^2 & \sum_k x_k \\ \sum_k x_k & n\end{pmatrix}\begin{pmatrix}a \\ b\end{pmatrix}=\begin{pmatrix}\sum_k x_k y_k \\ \sum_k y_k\end{pmatrix}$$

● **連立方程式を解く** 式4

$$\begin{pmatrix} a \\ b \end{pmatrix} = \frac{1}{n\sum_k x_k^2 - (\sum_k x_k)^2} \begin{pmatrix} n & -\sum_k x_k \\ -\sum_k x_k & \sum_k x_k^2 \end{pmatrix} \begin{pmatrix} \sum_k x_k y_k \\ \sum_k y_k \end{pmatrix}$$

● **連立方程式の解** 式5

$$a = \frac{n\sum_{k=1}^{n} x_k y_k - \sum_{k=1}^{n} x_k \sum_{k=1}^{n} y_k}{n\sum_{k=1}^{n} x_k^2 - \left(\sum_{k=1}^{n} x_k\right)^2}$$

$$b = \frac{\sum_{k=1}^{n} x_k^2 \sum_{k=1}^{n} y_k - \sum_{k=1}^{n} x_k y_k \sum_{k=1}^{n} x_k}{n\sum_{k=1}^{n} x_k^2 - \left(\sum_{k=1}^{n} x_k\right)^2}$$

ここがポイント

- 回帰直線は「独立変数と従属変数の誤差を最小にする」ような直線を求める
- 誤差を最小にするときには「誤差の総和」ではなく「誤差の二乗の総和」で求める

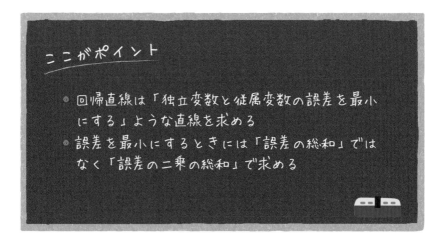

Column 8

統計学と線形代数、行列にも慣れよう

連立方程式を解く過程で「行列」が出てきました、といっても2×2行列というシンプルなものですが、行列は線形代数学のなかでは基本的な操作で、多数の変数を扱う際には重要なツールです。

65ページのコラムで「∑の線形性さえ理解してしまえば恐れることはない」と指摘しました。この線形性は、線形代数のなかでも基本的な考えで重要な概念です。多変数解析や機械学習といった統計の応用を考えるためには、行列や線形性など線形代数の概念もきちんと学んでおく必要があります。

ところでこの「行列」は、これまで不幸な扱いを受けてきました。1980年代に高校生だった筆者は、高校の数学で行列の基礎を学びましたが、いまの高校生は高校の数学で行列を学びません。行列は現在の履修範囲からはみ出されてしまっています。

これまでの日本の数学教育においては、行列と複素平面あたりが、どちらかが採用されたらどちらかが外れるといった扱いを受けてきたようで、年代によって習ったり習わなかったりという状況だそうです。もちろん、理系の大学では1年生でみっちりとやるようですが、2×2行列くらいであれば高校生にとってもそれほど難しい概念ではないので、きちんと教えたほうがよいのではないかと考えます。

人工知能や機械学習ブームの現在では、行列の考え方を高校でもきちんと教えるべきだと、経済界がロビー活動をしているなどという話も耳にしました。高校生はともかく、本書を読み進めてきた皆さんも、線形代数の基礎をしっかりと学ばれるのがよいでしょう。

03 より複雑な回帰分析（1）
——非線形な回帰モデル

ここまでは簡単な例を対象として、線形回帰分析の例を考えました。しかし、実際のデータはそう単純でもない場合が多々あります。より実践的な回帰分析の例として、まずは2変数の関係をモデル化する回帰分析を非線形に拡張するケースを考えてみます。

1 非線形への拡張

これまで見てきた線形回帰は、次ページの図のように一次式で表現されるとても単純なモデルです。

ところで、図のようなデータが得られたときに、直線でモデル化することが妥当でしょうか。むりやり直線を当てはめようとすると、おそらく次ページ中央図のようなものとなるでしょう。しかし、左側（原点近く）にプロットされているデータ群と、右側にプロットされているデータ群では、明らかにデータ群を直線近似したときに傾きが異なるように見えます。

● 線形（中）でモデル化するか、非線形（下）でモデル化するか

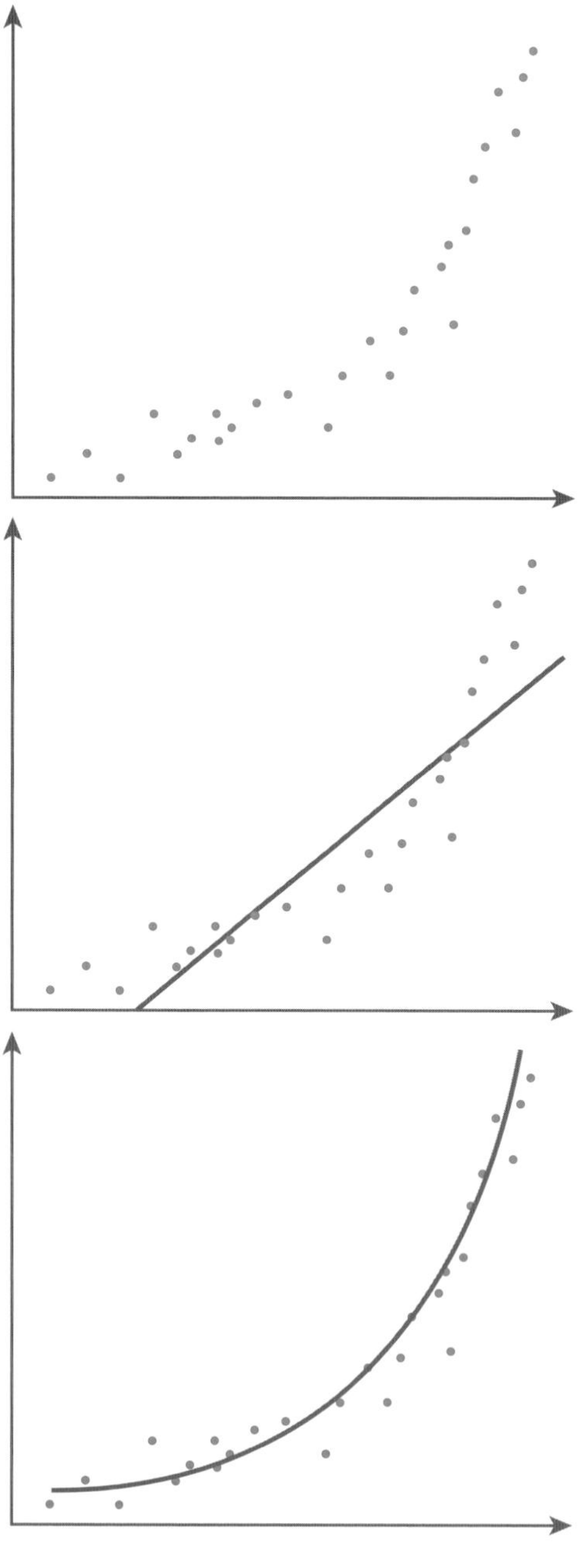

このようなケースであれば、前ページ下図のように、曲線でモデル化するほうが適切でしょう。２次関数、３次関数、あるいは指数関数などを利用した非線形なモデルを考えたほうが、独立変数と従属変数の関係を適切に表現できそうです。

2 カーブフィッティング

一番「もっともらしい」非線形（曲線）のモデルでデータの説明を試みることを「**カーブフィッティング**」や「**データフィッティング**」と呼びます。もっともらしさの定め方は、線形回帰の場合と同様です。つまり、誤差の二乗和Rを最小にするモデルとなるように、パラメータを選びます。

前節で示した誤差の二乗和Rと同じです。ただし、モデルの関数$f(x)$が線形の式で表現されないというだけです（下の式）。

一般的に、非線形回帰の場合は、誤差の二乗和Rを最小化するパラメータを解析的に解くことはできません。そこで、コンピュータを利用してRを最小化するパラメータを求めることを考えます。

● 誤差を最小にする非線形モデルの定義

$$R=\sum_{k=1}^{n}(f(x_k)-y_k)^2$$

3 パラメータの近似計算

モデルの関数 $f(x)$ が、パラメータ $\{\alpha_1, \alpha_2, \dots, \alpha_n\}$ で表現されるとしましょう。すなわち、R を n 個の未知パラメータの関数と考えます。

このとき、R を各パラメータで偏微分した成分から構成される次のベクトルは「**勾配ベクトル**」と呼ばれます（式1）。

勾配ベクトルとは、R の値が一定となる曲線（等高線）に対して垂直な向きを示すベクトルです。そこで、このベクトルを利用して、誤差の二乗和 R を最小化するパラメータ α を求めます。

適当な初期値 α_0 から始めます。そして、α_k を次の漸化式で計算します（式2）。

β_k はステップの幅を決める係数です。少しずつ最適解に近づけていくので、小さな正の値を適当に選べばOKです。

● 勾配ベクトルの式 式1

$$\nabla R = \left(\frac{\partial R}{\partial \alpha_1}, \frac{\partial R}{\partial \alpha_2}, \cdots, \frac{\partial R}{\partial \alpha_n} \right)$$

● 近似値を更新する漸化式 式2

$$\alpha_{k+1} = \alpha_k - \beta_k (\nabla R(\alpha_k))^T$$

最急降下法

この式は、玉が勾配に従って転がっていくように、最小値に向かって少しずつ進んでいく状況を表しています（次ページの図）。勾配が0に近づいていくとき、言い換えれば差分がほぼ0になった段階で、パラメータαの近似値が定まります。

このように最小値を計算する方法を「**最急降下法**」といいます。実際には、このような単純な最急降下法の代わりに、ガウス－ニュートン（**Gauss-Newton**）法など、より効率的に近似解を求める方法が使われます。

最急降下法は、運が悪いと局所解（範囲が限定された解）に陥ってしまい、本来求めるべき最適解に至らない可能性があるという問題を孕《はら》んでいることには注意が必要です。また、ステップ幅を大きくしすぎると収束せず発散する危険性があるため、ステップ幅は小さな値が望ましいところです。しかし、小さくしすぎると最適解になかなか到達せず、いつまで経っても計算が収束しないリスクもあります。

● 最急降下法

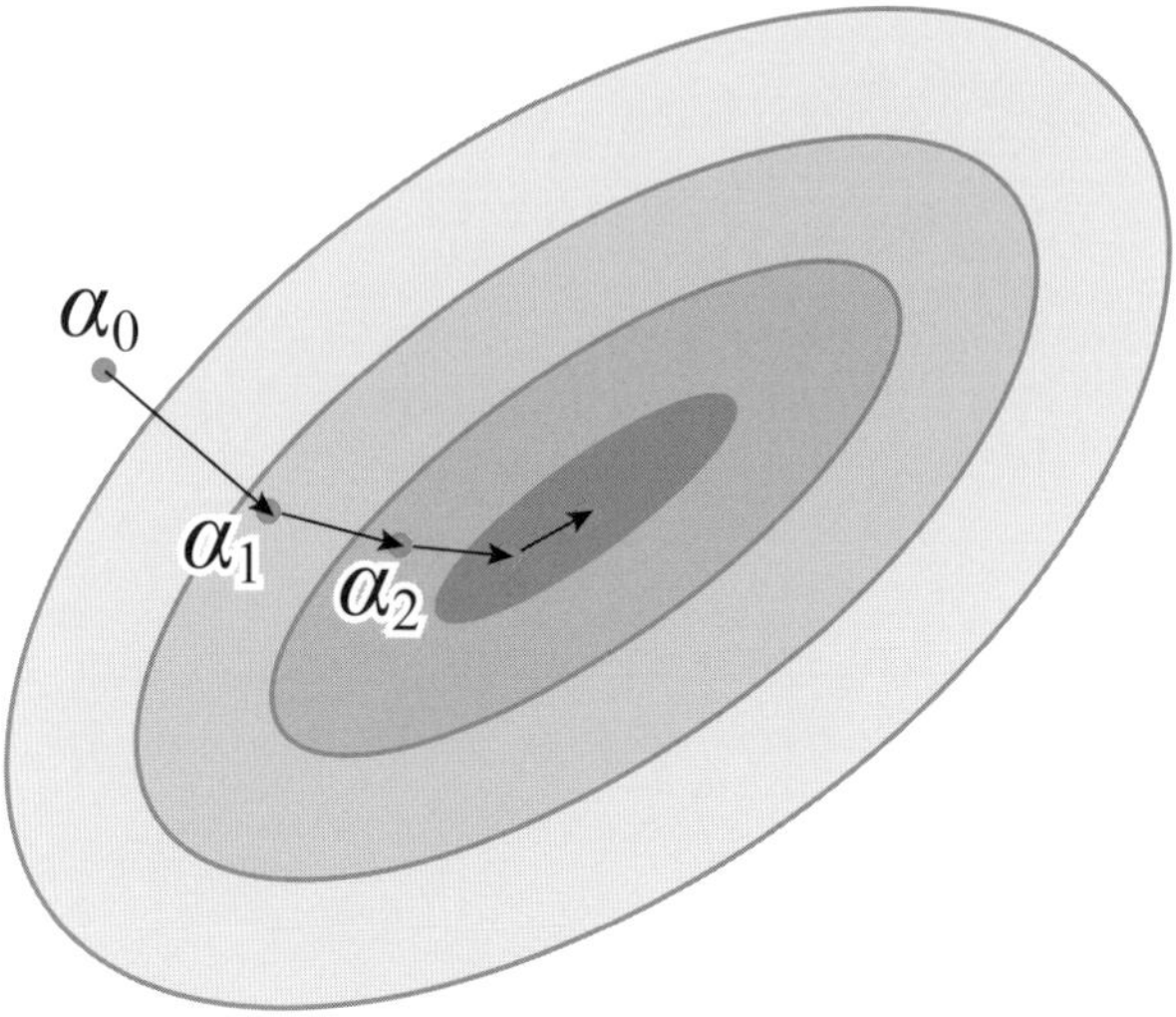

ここがポイント

- データの分布によっては、直線の線形モデルでは上手く表現できない場合がある。その場合は曲線でモデル化する（非線形モデル）
- 非線形モデルでデータの説明を試みることを「カーブフィッティング」「データフィッティング」などと呼ぶ

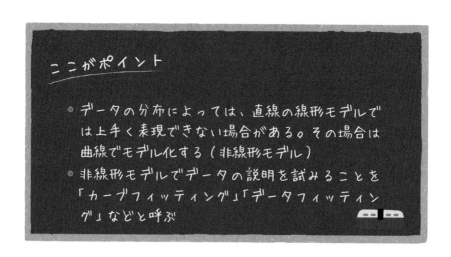

04 より複雑な回帰分析（2）
――重回帰分析

回帰分析は、従属変数を独立変数で説明できるようにしようという考えに基づいて、回帰モデルを考えるものでした。これまで見てきた回帰分析では、独立変数も従属変数も、それぞれ1つです。しかし、世の中の事象はそれほど単純なものでもありません。複数の独立変数が与えられたときにはどうすればよいかについて解説します。

1 多変量解析

一般的な現象を統計的に分析しようとするときに、たった1つの変数（独立変数）で、もう1つの変数（従属変数）を説明しようというのは、かなり単純化した状況であると指摘せざるを得ません。社会的な現象にせよ、自然現象にせよ、何かの現象（従属変数）を1つの要因（独立変数）で説明できるほど、世界は単純にはできていないともいえるでしょう。

例えば、先に具体的な例として挙げた模擬試験と実際の試験の成績ですが、通常は複数の科目に分けて試験をします。国語が得意な生徒もいれば、数学が得意な生徒もいるでしょう。まんべんなく高得点を取る優秀な人もいれば、どれも苦手な人もいるかもしれません。このように、それぞれの科目の得点を独立変数として考えたほうが、より適切な説明ができます。

2つ以上の独立変数を考えて分析しようという統計での考え方を「**多変量解析**」と呼びます。「**多変量統計**」と呼ぶこともあります。多変量解析にはここで解説する重回帰分析のほか、「主成分分析」「因子分析」「判別分析」「クラスタ分析（クラスタリング）」などさまざまな手法が考えられています。

いま流行している人工知能も、多変量解析の延長線上にあるといってもいいでしょう。機械学習の手法をベースにした最近の人工知能は、大量のデータを統計的に処理したうえで、さまざまな判断を行っています。統計を学ぶことは、現代的人工知能を理解する早道といえます。

2 重回帰分析

ここまで解説してきた、従属変数を1つの独立変数で説明する回帰モデルを考える分析のことを、特に強調する場合は「**単回帰分析**」といいます。対して、2つ以上の独立変数で回帰モデルを作成する分析方法を「**重回帰分析**」と呼びます。

重回帰分析においても、回帰モデルを選択する原理は、単回帰分析の場合と変わりません。つまり、得られているデータから独立変数の値をモデルに当てはめたときに、従属変数の値とモデ

● 単回帰分析と重回帰分析のイメージ

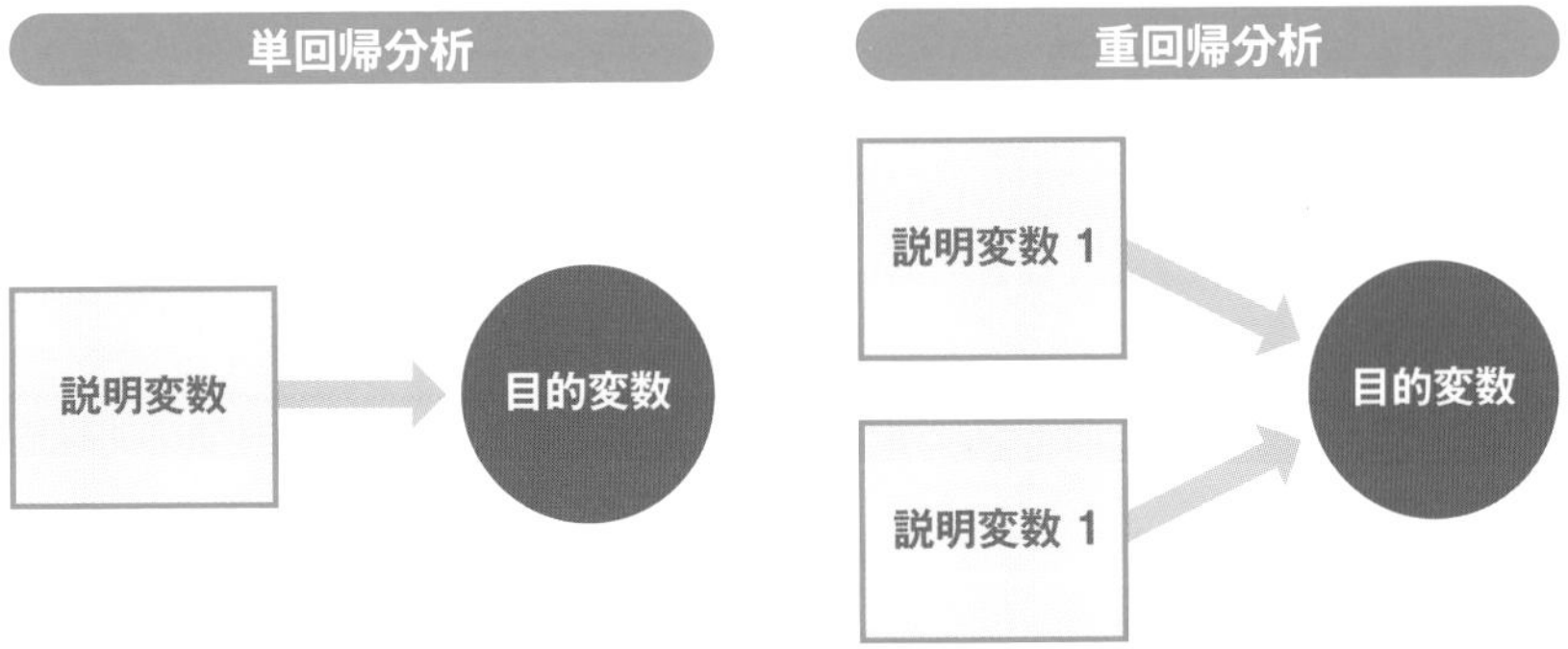

● 重回帰分析の具体例

店 舗	利益（千円）	店舗面積（m^2）	広告費（千円）	販売員数（人）
A店	123	50	350	7
B店	98	48	400	9
C店	52	25	120	4
D店	350	120	600	15
E店	265	82	500	13
F店	88	36	250	5
G店	335	95	550	12
H店	?	75	450	10

ルから得られた値の差の二乗和を最小にするようなモデルを選びます。

具体例として、前ページの下の表のようなデータを考えてみます。

A店からG店まで、7店のデータが揃っています。各店の利益額、店舗面積、広告費、販売員数が数値化されています。

ここで、新規店舗としてH店を出店することになりました。店舗面積や広告予算、確保予定の販売員数は決まっているので、A店からG店までのデータをもとに、この店から得られる利益はどのくらいと予測できるでしょうか。

Rで回帰モデルを計算する

Rで回帰モデルを計算してみることにしましょう。前ページの上の表の内容を、データをタブ文字で区切ったデータとして、TSV形式（**Tab Separated Values**）で保存しておきます（次ページ上図）。ファイル名は「**sales.tsv**」としておきましょう。

Rを起動して、次ページ上のコマンドを実行します。データを読み込み（**read.table**）、回帰モデルを作成（**lm**）し、その詳細を表示する（**summary**）という手順です。

次ページ下図に示すように、回帰モデルが求まりました。それぞれの店舗で残差がどのくらい出ているのかも**Residuals**として示されています。

● sales.tsv（TSV形式のデータ）

売 上	店舗面積	広告費	販売員数
123	50	350	7
98	48	400	9
52	25	120	4
350	120	600	15
265	82	500	13
88	36	250	5
335	95	550	12

● Rでコマンドを実行する

```
> sales<-read.table("sales.tsv", header=T)
> model<-lm(sales)
> summary(model)
```

● 重回帰分析による回帰モデルの導出

```
> sales<-read.table("sales.tsv", header=T)
> model<-lm(sales)
> summary(model)

Call:
lm(formula = sales)

Residuals:
       1        2        3        4        5        6        7
-13.5937 -23.2331   7.2483 -33.6419  24.9341   0.5271  37.7592

Coefficients:
             Estimate Std. Error t value Pr(>|t|)
(Intercept) -39.26492   39.99336  -0.982   0.3986
店舗面積      3.93563    1.55800   2.526   0.0857 .
広告費        0.03023    0.34511   0.088   0.9357
販売員数     -4.50037   16.42462  -0.274   0.8019
---
Signif. codes:  0 '***' 0.001 '**' 0.01 '*' 0.05 '.' 0.1 ' ' 1

Residual standard error: 36.32 on 3 degrees of freedom
Multiple R-squared:  0.9582,    Adjusted R-squared:  0.9163
F-statistic: 22.91 on 3 and 3 DF,  p-value: 0.01434

>
```

新店舗の予想利益を計算

従属変数である利益をY、店舗面積、広告費、販売員数をそれぞれX_1、X_2、X_3とすると、求められた回帰式は下の 式1 のとおりです。H店の利益は 式2 の計算で予測できます。

他店と比べてみてどうでしょうか。店舗面積や広告費の額で、新店舗Hに近い規模の店舗はE店です。E店の利益額と比べてみれば、その程度の利益が見込めるという予測は、ほぼ妥当なものと考えられそうですね。

3 独立変数の選び方

ところで、H店の利益を予想するために、店舗面積、広告費、販売員数という独立変数を考えました。これらだけで、十分な説明ができると考えてよいでしょうか。もしくは、本来は必要ない要素が紛れ込んでいないでしょうか。

実は、独立変数を選ぶのは、それほど簡単なものでもありません。基本的な考え方として「**同じ傾向にあるものを追加しても意味はな**

● 求められた回帰式 式1

$$Y = 3.94X_1 + 0.03X_2 - 4.50X_3 - 39.3$$

● 推定されるH店の利益 式2

$$3.94 \times 75 + 0.03 \times 450 - 4.50 \times 10 - 39.3 = 224.7$$

い」ということを理解しておきましょう。具体的には、次節で説明する**相関の強い変数**です。それらを同時に採用すると「**多重共線性**」（英語名の**multi-collinearity**から「**マルチコ**」とも）と呼ばれる都合の悪い状況が発生してしまいます。

ダミー変数で名義尺度を考慮することも

また、ダミー変数を用いて名義尺度を考慮に入れることもできます。先の例でいえば、駅チカ店と郊外店の2種類という指標も考えたいというような状況です。このとき、独立変数X_4として 式1 のようなものを考えます。

このような変数を「**ダミー変数**」と呼びます。ダミー変数を用意したうえで、 式2 のモデルのパラメータを求めれば、名義尺度による分類を考慮した回帰モデルも考えることができます。

● **ダミー変数を定義** 式1

$$X_4 = \begin{cases} 1 \text{（駅チカの場合）} \\ 0 \text{（郊外店の場合）} \end{cases}$$

● **ダミー変数の名義尺度による分類を考慮した回帰モデル** 式2

$$Y = \alpha_1 X_1 + \alpha_2 X_2 + \alpha_3 X_3 + \alpha_4 X_4 + \alpha_5$$

重回帰分析は、ある物事の原因を解析したり、それから将来起こることを予想したりするのに役立ちます。

ここがポイント

- 1つの独立変数で1つの従属変数を分析するのは単純化したモデル。実際は、複数の独立変数で分析する「多変量解析」を用いる
- 複数の独立変数で回帰モデルを作成する分析を「重回帰分析」という

05 店舗面積と利益額には関係があるか
―2つのデータの関係性を数値化する

回帰分析では、独立変数を用いて従属変数を説明することを試みました。その背景には、**独立変数と従属変数の間に何らかの関係性**があることを仮定しています。

では、そもそも関係があるのかどうかを知るためにはどうすればよいでしょうか。それには「**相関**」という考え方を導入します。２つのデータの関係性を数値化して分析する方法を解説します。

1 相関係数

本書の冒頭で「相関係数の罠」というエピソードを紹介しました。**相関係数**とは、２つのデータの関係性がどのようになっているかを数値化した係数です。

相関係数の値は**-1.0**から**+1.0**までの値をとります。**+1.0**に近いほど２つのデータには何らかの関係性がある（片方が増えるほど、もう一方も増える）ということが示されます。**+1.0**に近いほど

２つのデータには相反する関係性（片方が増えるほど、もう一方が減る。逆相関）が見出されるということになります。一般に、相関係数が０のときは、２つのデータには何の関係もないということがわかります（ただし、そうではないケースもあるので要注意というエピソードを、冒頭で紹介しました）。

2 相関関係の具体例（1）

相関係数の計算方法を学ぶ前に、まずは相関の具体例を見てみましょう。次ページ上の表は、前節で考察したＡ～Ｈ各店舗のデータです。なお、Ｈ店の利益額欄には実際に得られた数値を入れています。

次に、横軸に店舗の面積をとり、縦軸に利益をとって、それぞれの店舗のデータを散布図にプロットした図を作成しました（次ページ下の図）。

この図を見ると、店舗面積と利益額の間には何らかの関係がありそうだということがわかります。Ａ、Ｂ、Ｃ、Ｆ店のように店舗面積の小さな店舗での利益はそれほど大きくありませんが、店舗面積が大きくなればなるほど、利益の額は大きくなっています。すなわち、店舗面積と利益額の間には、比例する関係性がありそうだということが示唆されます。

これはごく自然な関係性と考えられるでしょう。店舗面積が大きくなれば、当然ながら扱う商品数やお客さんの数も増えます。薄利多売という言葉があるように、個々の商品の売上から得ら

● 相関の具体例を考える資料（8店舗の各数値）

店 舗	利益（千円）	店舗面積（m^2）	広告費（千円）	販売員数（人）
A店	123	50	350	7
B店	98	48	400	9
C店	52	25	120	4
D店	350	120	600	15
E店	265	82	500	13
F店	88	36	250	5
G店	335	95	550	12
H店	225	75	450	10

● 店舗面積と利益の関係

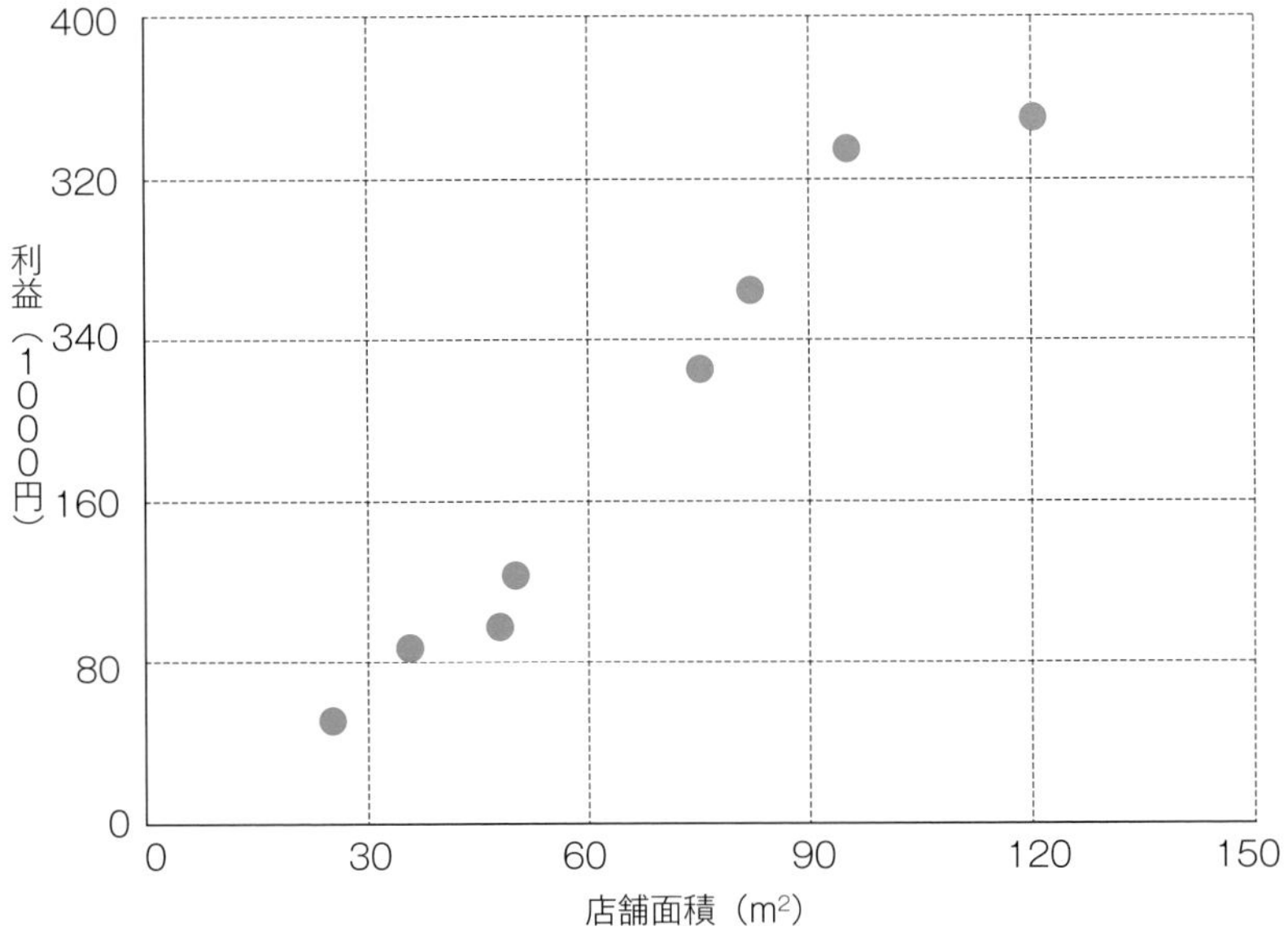

れる利益は少額であっても、たくさんの商品が売れれば利益の総額は大きくなるはずです。

決定係数

相関と関連が強い指標に「**決定係数**」と呼ばれる指標があります。決定係数とは、回帰式がどれだけ適切に表現されているかを示す指標です。

決定係数はR_2として表されます。このデータから決定係数を求めると、$R_2 = 0.957$という現実のデータではなかなか見ることができないほどの高い値が得られます（このデータは架空のものです）。同様に、広告費と利益の関係、販売員数と利益の関係、あるいは、店舗面積と販売員数との関係なども、強い関係性を示すはずです。散布図は、表計算ソフトのグラフ機能を用いれば簡単に描くことができます。それぞれのデータを使い、実際に、散布図を描いてみてください。

また、表計算ソフトによっては、散布図を描いた際に決定係数を自動で求めてくれるものもあります。それらのソフトウェアの機能を用いて、決定係数R_2がどのくらいになるか試してみてもよいでしょう。

3 相関関係の具体例（2）

次は負の相関関係について見てみましょう。負の相関関係では、ある変数について値が増えると他の変数の値が下がるような関係になります。データ数が多いため数値データは掲載しませんが、次ページの図は、国ごとに集計した貧困層の人口割合と中央年齢の関係を示す図で、実際のデータに基づいて散布図を描いたものです。

各点は国を示しています。横軸に貧困層の人口割合を、縦軸に中央年齢をとっています。中央年齢とは、国民の年齢に関する中央値のことです。中央年齢以下の国民と中央年齢以上の国民が、同じ数だけいるということになります。平均年齢とは異なるので注意してください。

豊かな国は中央年齢が高く、貧しい国は中央年齢が低い

散布図を見ると、人口の8割が貧困層であるような国がある一方で、多くの国では貧困層を3割以下に留めていることが示されています。そしてそのような国では中央年齢が高い傾向にありますが、貧困層が3割を超えるような国々では中央年齢はとても低い値となっています。

人口の8割が貧困層であるような国がある一方で、多くの国では貧困層を3割以下に留めている様子が示されています。そしてそのような国では中央年齢が高い傾向にありますが、貧困層が3割を超えるような国々では中央年齢はとても低い値となっています。

● 貧困層の人口割合と中央年齢の関係（国別）

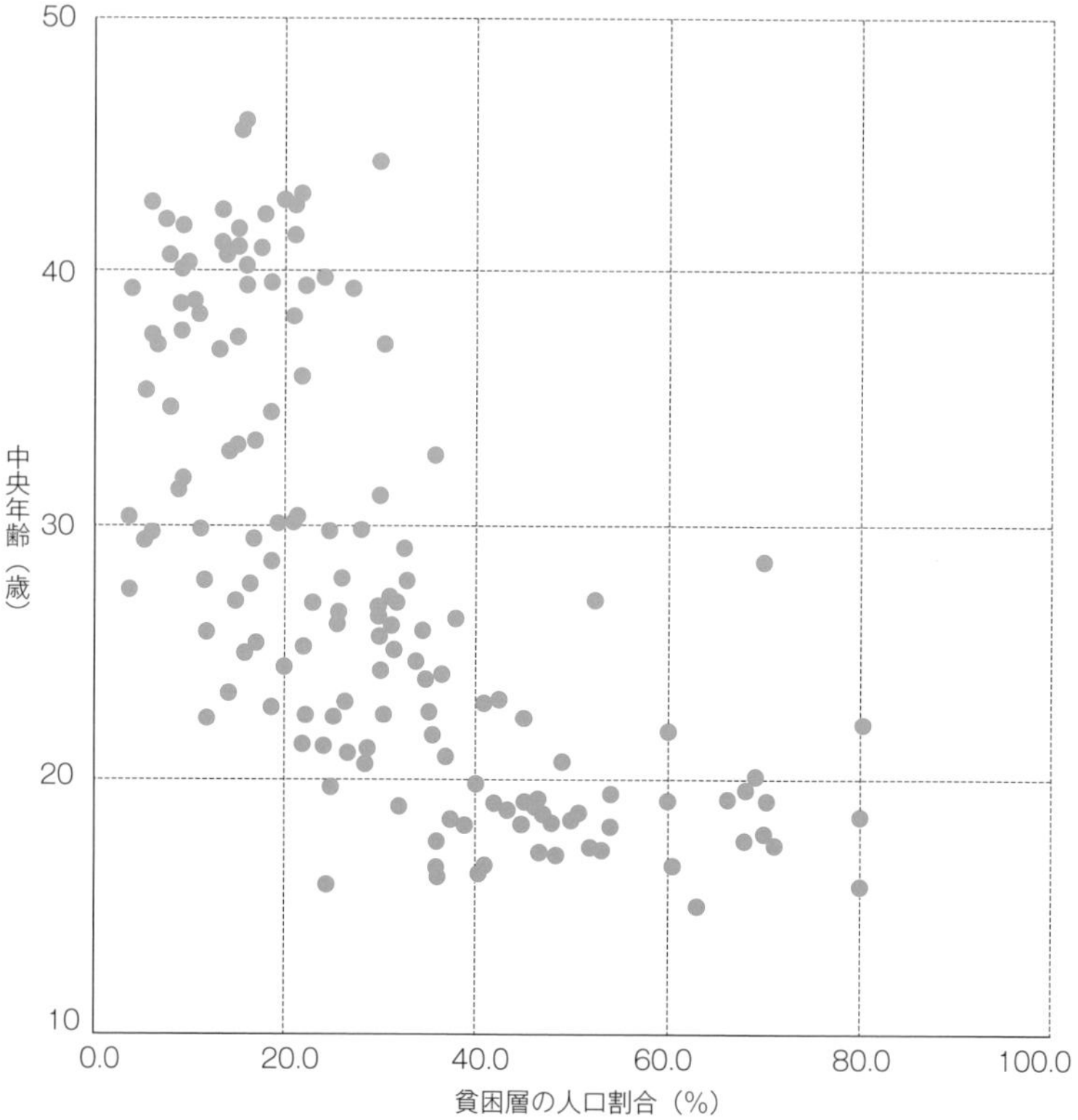

ここがポイント

- 相関係数を用いれば、2つのデータに関係性があるかどうかを判断できる
- 回帰式が適切かどうかを示す指標に「決定係数」がある

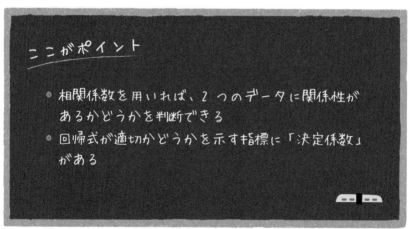

06 相関関係を示す数値
―相関係数

1 相関関係を示す数値の計算方法

それでは、**相関関係**を数値化する相関係数の計算方法を説明します。確率変数XとYの相関係数は、XとYの共分散と呼ばれる指標をそれぞれの標準偏差で割った値として計算されます。**共分散**は、これまでに名前だけは出てきましたが、その中身については触れていませんでした。ここで、共分散の意味を考え、相関係数の表す意味を説明します。

2 相関係数の定義

相関係数は**-1.0**から**+1.0**までの値をとり、**+1.0**に近ければ近いほど正比例する関係であり、**-1.0**に近ければ近いほど逆比例する関係であることを示します。なお、この逆比例というのは反比例

● 相関係数

	相関係数 r の値	相関の強さ
正の相関	$0.7 < r \leqq 1.0$	強い正の相関がある
	$0.4 < r \leqq 0.7$	正の相関がある
	$0.2 < r \leqq 0.4$	弱い正の相関がある
	$-0.2 \leqq r \leqq 0.2$	ほぼ相関はない
負の相関	$-0.4 \leqq r < 0.2$	弱い負の相関がある
	$-0.7 \leqq r < 0.4$	負の相関がある
	$-1.0 \leqq r < 0.7$	強い負の相関がある

● 相関係数の定義　式1

$$r = \frac{Cov[X,Y]}{\sigma_x \sigma_y}$$

● 相関係数の定義　式2

$$r = \frac{\frac{1}{n}\sum_{k=1}^{n}(x_k - \overline{x})(y_k - \overline{y})}{\sqrt{\frac{1}{n}\sum_{k=1}^{n}(x_k - \overline{x})^2}\sqrt{\frac{1}{n}\sum_{k=1}^{n}(y_k - \overline{y})^2}}$$

とは異なります。比例係数がマイナスになるという意味を込めて、便宜上ここでは「逆比例」と表しています。前ページの表に示すように、その値を参考にして確率変数XとYの間にどのような相関関係があるかを数値的に示すことができるという指標です。

確率変数XとYの実現値の組$\{(x_k, y_k) \mid k = 1, 2, \ldots, n\}$が得られたとき、相関係数$r$は前ページの 式1 で定義されます。

ここで、$Cov[X, Y]$はXとYの共分散、σはそれぞれの標準偏差です。それらの定義を書き下すと、相関係数を求める式は、前ページの 式2 で表されます（$\bar{x}$と$\bar{y}$はそれぞれの平均値です）。

3 共分散の意味

共分散は一見すると少しややこしい式のように見えますが、図解で考えるとそれほど難しい概念ではないことがわかります。共分散は「それぞれの点がどれだけ平均値から離れているかをX軸とY軸に添ってその差分を計算して掛け合わせたもの、それらをすべて加算して個数nで割ったもの」と定義されます。

そこで、前節5時限目05で使ったデータを用いて図解を試みてみましょう。店舗面積と利益の関係を散布図として表現したものを対象にして考えます。

次ページの図は、散布図に平均値を示す直線$x = \bar{x}$, $y = \bar{y}$を書き込み、その交点$(\bar{x}, \bar{y})$とそれぞれの点を対角線にとるような長方形を重ねた図です。共分散の式をよく見てみましょう。

● 店舗面積と利益の一覧（8店舗）

店舗	利益（千円）	店舗面積（m²）
A店	123	50
B店	98	48
C店	52	25
D店	350	120
E店	265	82
F店	88	36
G店	335	95
H店	225	75

● 店舗面積と利益のデータに関する共分散を説明する図

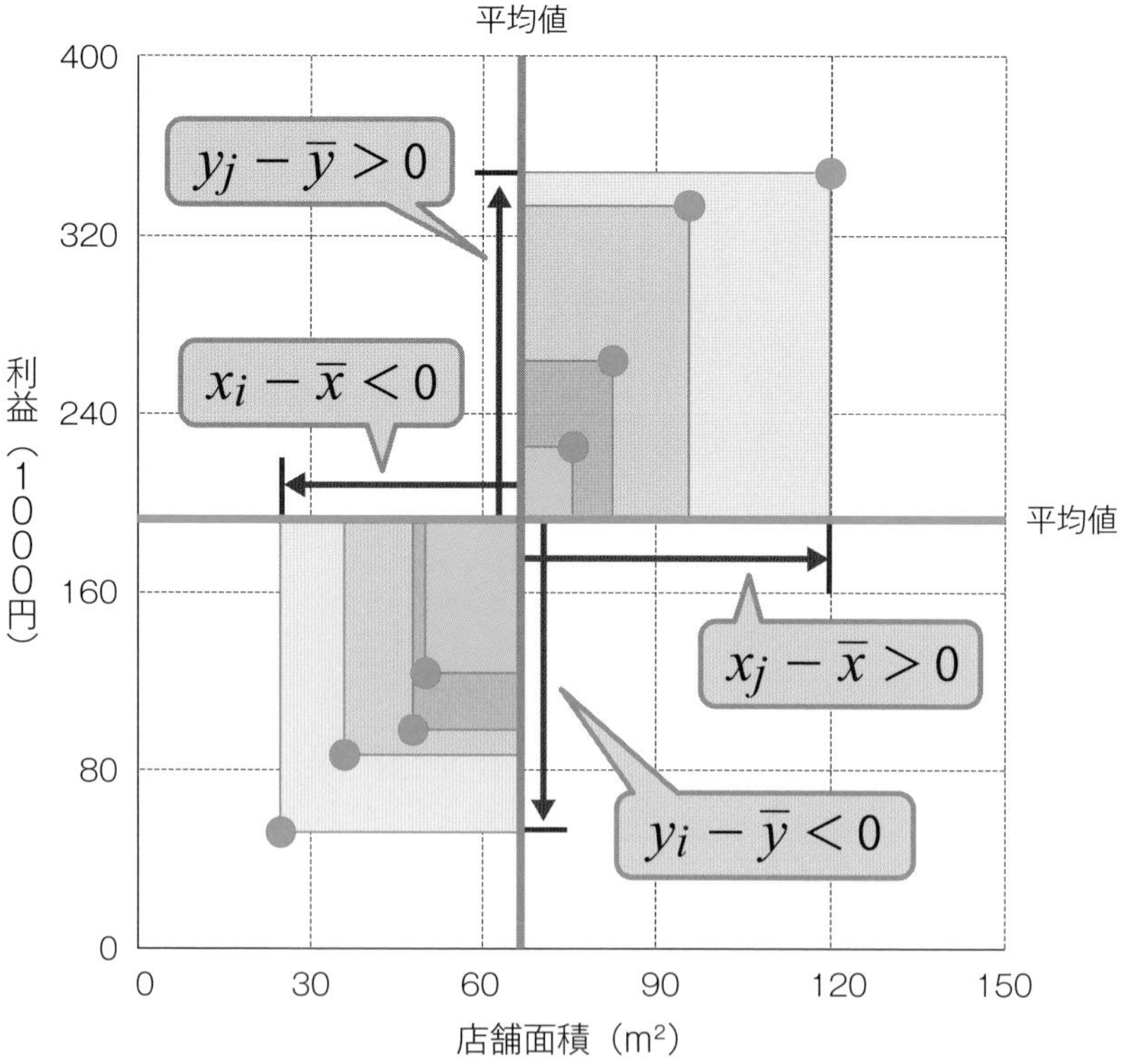

共分散は$(x_k-\overline{x})(y_k-\overline{y})$を足し合わせた値を$n$で割ったものとして定義されます。ここで、$(x_k-\overline{x})(y_k-\overline{y})$の絶対値は、図で示した長方形の面積ですね。

次にその値の正負を考えてみましょう。点$(\overline{x}, \overline{y})$を中心に考えたとき、点の右上では$x_k-\overline{x}$も$y_k-\overline{y}$も正の値なので、その積も正になります。点の左下ではどちらも負の値なので、その積は正です。したがって、データが左下から右上に向かって並ぶときは、共分散の値は正となるでしょう。

一方、データが左上から右下に向けて散らばっているときはどうなるでしょうか。点$(\overline{x}, \overline{y})$の左上では、$y_k-\overline{y}$は正ですが、$x_k-\overline{x}$は負です。右下のときはその逆です。いずれにしても、それらの積は負となります。ゆえに、データが左上から右下に向けて並ぶとき、共分散の値は負となるでしょう。

4 標準偏差による基準化

このように、共分散を使えばデータの並び方、全体の傾向を1つの数値による指標で表すことができます。ただし、データの散らばり具合が同じような状況であっても、共分散の値はデータがバラつく大きさに強く依存しており、その影響によって大きく変わってしまいます。そのような状況では、散らばり具合の指標として適切ではありません。2つのデータを比較したときに、比べているのはバラツキの様子なのか、それとも大きさなのかを区別できないからです。

そこで、共分散の値をx成分とy成分それぞれに関するバラツキの大きさで割ることで、大きさの影響を排除することを試みます。これを「**基準化**」と呼びます。x成分とy成分それぞれに関するバラツキの大きさとは、それぞれの成分に関する標準偏差にほかなりません。標準偏差は正の値なので、標準偏差で基準化することで符号が変わることもなく好都合です。

相関係数は、このような考えに基づいて定義されています。すべてのkについて$y_k = x_k$であるようなデータ、すなわち$y = x$の直線上にすべてのデータが乗るような場合を考えたときに相関係数が**+1.0**になることは、簡単に確かめてみることができるでしょう。また、それを直線$x = \bar{x}$を軸として線対称に反転させたデータ（直線$x = \bar{x}$を軸として線対称に反転させた点のx'_k座標は$x'_k = -(x_k - \bar{x}) + \bar{x}$で計算できるので、それを$y_k$に当てはめ、さらにそのとき$\bar{y} = \bar{x}$であることに注意すれば計算できます）を対象に相関係数を計算すると**-1.0**となることも、さほど難しくない計算で示すことができます。試してみてください。

ここがポイント

- 相関係数は、相関関係を数値化するもの
- 相関関係を示したい2つの確率変数の共分散をそれぞれの標準偏差で割った値が相関係数

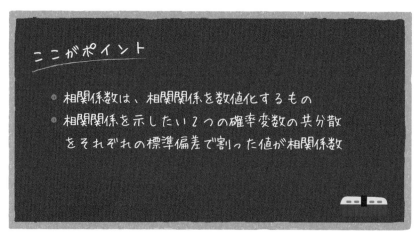

07 分散と共分散をまとめて考える——分散共分散行列

1 分散と共分散をまとめて考える

5時限目では、2種類のデータの散らばり具合を考えるのに、回帰分析と相関という考えを説明してきました。そして、相関係数は分散（共分散）と大きな関係があることを示しました。

ここで、分散と共分散の関係を一度きちんと整理しておきましょう。**分散共分散行列**と呼ばれる形式を導入します。さらに、この行列の活用方法を紹介します。

2 分散共分散行列

まずはおさらいです。確率変数XとYを考えます。それぞれn個のデータ（実現値）が与えられたとき、その平均値$\bar{x}, \bar{y}$と分散$\sigma_{\bar{x}}^2$, $\sigma_{\bar{y}}^2$は、**式1**のように計算できました。

さらに共分散を考えます。XとYの共分散σ_{xy}は、相関係数の分子に相当するので、**式2**で計算されます。なお、式の形からXとYを入れ替えても同じ式になることは明らかですね。

ここで、対角成分として分散を、非対角成分として共分散を並べた行列Σを考えましょう。変数が2つの場合、**式3**のような行列になります。

このような行列のことを**分散共分散行列**と呼びます。変数が3つ以上になっても同様です。

i番目の変数X_iとj番目の変数X_jの共分散をσ_{ij}としたとき、行列のij成分をσ_{ij}とするような行列を考えると、それが分散共分散行列になります（i番目の対角成分は

● **確率変数XYそれぞれの平均値と分散** 式1

$$\bar{x}=\frac{1}{n}\sum_{k=1}^{n}x_k,\ \bar{y}=\frac{1}{n}\sum_{k=1}^{n}y_k$$

● **確率変数XYの共分散** 式2

$$\sigma_{xy}=\frac{1}{n}\sum_{k=1}^{n}(x-\bar{x})(y-\bar{y})$$

● **分散共分散行列** 式3

$$\Sigma=\begin{pmatrix}\sigma^2{}_x & \sigma_{xy}\\ \sigma_{xy} & \sigma^2{}_y\end{pmatrix}$$

X_i の分散です）。分散共分散行列は、要素がすべて実数の対称行列であり、実対称行列の形をしています。

3 分散共分散行列と相関行列

次に、i 番目の対角成分が $1/\sigma_i$ であり、非対角成分がすべて0であるような行列 D を考えます。簡単のために、2次元の行列で例を考えることにしましょう。すなわち、対角成分が X と Y、それぞれの標準偏差の逆数となっているような行列 D です（式1）。

先ほどの Σ の両側から D を掛けてみます。どうなるでしょうか（式2）。

これを計算すると、対角成分は1となり、非対角成分は共分散をそれぞれの標準偏差

● 特別な行列 D 式1

$$D = \begin{pmatrix} 1/\sigma_x & 0 \\ 0 & 1/\sigma_y \end{pmatrix}$$

● 分散共分散行列の両側から D を掛ける 式2

$$D\Sigma D = \begin{pmatrix} 1/\sigma_x & 0 \\ 0 & 1/\sigma_y \end{pmatrix} \begin{pmatrix} \sigma_x^2 & \sigma_{xy} \\ \sigma_{xy} & \sigma_y^2 \end{pmatrix} \begin{pmatrix} 1/\sigma_x & 0 \\ 0 & 1/\sigma_y \end{pmatrix}$$

● 相関行列 式3

$$R = D\Sigma D = \begin{pmatrix} 1 & r_{xy} \\ r_{xy} & 1 \end{pmatrix}$$

で割った値となるような行列が得られます。非対角成分は、相関係数そのものです。XとYの相関係数をr_{xy}とすると、その行列Rは前ページの **式3** のように表されます。

この行列のことを「**相関行列**」と呼びます。２つの変数で計算してみましたが、３つ以上の変数でもまったく同様の計算で、対角成分には1が並び、非対角成分にはそれぞれの相関係数が並ぶ行列を求めることができます。

4 分散共分散行列の意義

以上のように、分散共分散行列を導入すれば、分散と共分散をまとめて考えることができるようになることがわかりました。分散と共分散をまとめて考えると、そこから**相関行列を導くことで各変数の相関係数を求め、関係性を見出すことができるようになる**のは便利な使い方です。

主成分分析

実はそれ以外にも、分散共分散行列の主要な使いみちがあるのです。次ページの図は、２次元上に散らばるデータの例を示したものです。

このデータは、何か正の相関がありそうなデータです。ここで、分散共分散行列を考え、その固有値と固有ベクトルを求めます。実は、その固有ベクトルを用いて座標変換を行いて軸を取り直すと、**強く分布が拡がる軸**を求めることができるのです。

このような操作を行い、あまり差が出ない成分を捨てて意味のある次元の成分だけ取り出すことで、多次元データの次元削減を行うような分析のことを「**主成分分析**」といいます。ここでは主成分分析の方法についての詳しい説明は省略しますが、主成分分析を行ううえで、分散共分散行列は大きな役割を果たしているのです。

● **主成分分析のイメージ**

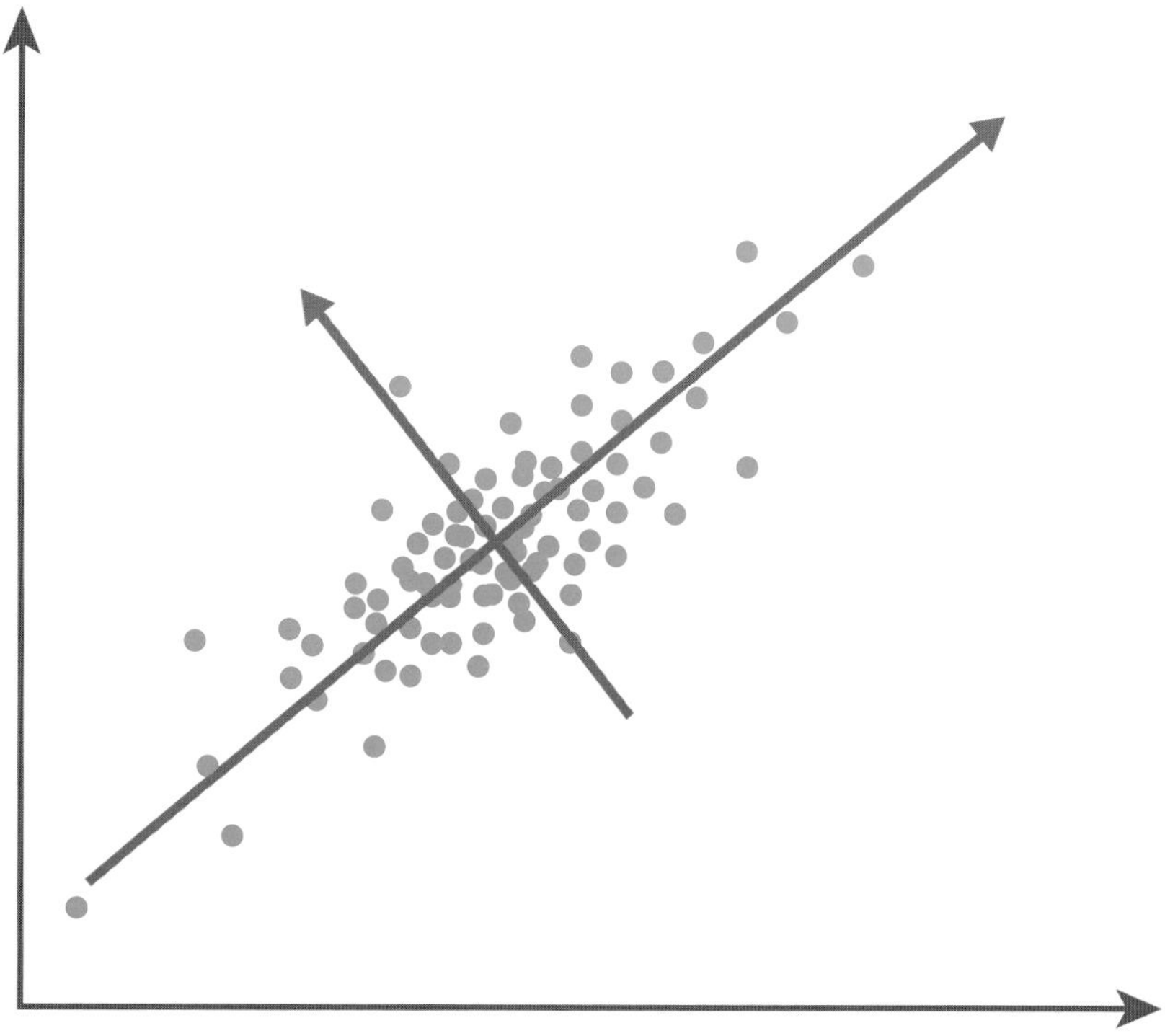

ビッグデータ分析では複数の変数を横断的に扱うのが普通なので、ここで学んだ内容が役立ちます。

ここがポイント

- 分散共分散行列を用いると、複数の確率変数の相関係数（関係性）を求められる
- 分散共分散行列は主成分分析にも利用できる

08 順序関係で相関を考える方法 ―積率相関と順位相関

1 順序尺度で表されたデータの場合

これまで説明してきた相関係数は、基本的には**比例尺度**（数値自身を比較することに意味がある尺度）で示されるデータを対象にしたものです。平均値や分散、共分散から計算される相関係数を扱ってきたので当然です。

しかし、場合によっては順序尺度（大小関係しか比較できない尺度）でしか表されていないデータの場合もあるでしょう。ここではそのようなケースへの対応方法として、順序関係を基準として相関を考えるやり方を紹介します。

2 ピアソンの積率相関とスピアマンの順位相関

ここまで説明してきた相関係数は「**ピアソンの積率相関係数**」と呼ばれます。ピアソンの積率相関係数は、比例尺度のデータを対象として、データの散らばり具合を数値化して考えてきた、きわめて自然な相関の尺度です。

しかし、世の中には順序しかわからないケースもあります。順序尺度だけで表された2つのデータがあったときに、その関係性を考えることはできないでしょうか。

2つのデータの「順番」を確率変数の値と考えて、そのまま相関係数を計算する方法が「**スピアマンの順位相関**」と呼ばれる計算方法です。

3 スピアマンの順位相関係数

スピアマンの順位相関では、データの個数がn個のとき、2つの確率変数は1からnまでの値をとります（簡単のために、例えば3位が2つなど、2つ以上のデータが同じ順序にはならないものとします）。その値を、直接、相関係数の式に当てはめればよいのですが、式を変形して少しわかりやすい形に変えてから適用することを考えます。

まず、順位の平均値と分散を考えます。これは **式1** で計算されます。

● **順位の平均値と分散**　式1

$$\bar{x}=\bar{y}=\frac{1}{n}\sum_{k=1}^{n}k=\frac{n+1}{2}$$

$$\sigma_x^2=\sigma_y^2=\frac{1}{n}\sum_{k=1}^{n}(k-\bar{x})^2=\frac{1}{n}\sum_{k=1}^{n}\left(k-\frac{n+1}{2}\right)^2=\frac{n^2-1}{12}$$

● **順位の差の二乗和を変形する**　式2

$$\sum(x_k-y_k)^2=\sum((x_k-\bar{x})-(y_k-\bar{y}))^2$$

$$=\sum(x_k-\bar{x})^2-2\sum(x_k-\bar{x})(y_k-\bar{y})+\sum(y_k-\bar{y})^2$$

$$=n\sigma_x^2-2\sum(x_k-\bar{x})(y_k-\bar{y})+n\sigma_y^2$$

$$=2n\times\frac{n^2-1}{12}-2\sum(x_k-\bar{x})(y_k-\bar{y})$$

● **右辺第2項を入れ替え，両辺を2で割る**　式3

$$\sum(x_k-\bar{x})(y_k-\bar{y})=n\times\frac{n^2-1}{12}-\frac{1}{2}\sum(x_k-y_k)^2$$

また、$\sum_{k=1}^{n}(x_k-\bar{x})(y_k-\bar{y})$を$\sum_{k=1}^{n}(x_k-y_k)^2$で表すことを考えます。

後者の式を前ページの 式2 のように変形してみましょう。

これより前ページの 式3 の関係が導かれます。

ところで、相関係数rは下の 式4 で求められるものでした。

スピアマンの順位相関係数をρで表します。ρも同様の式で求めることにします。そこで、先に求めた関係を、この式に代入してみます（式5）。

このように、順位の差を求め、それらの総和から計算されるという式を導くことができました。

● 相関係数 式4

$$r=\frac{\frac{1}{n}\sum_{k=1}^{n}(x_k-\bar{x})(y_k-\bar{y})}{\sqrt{\frac{1}{n}\sum_{k=1}^{n}(x_k-\bar{x})^2}\sqrt{\frac{1}{n}\sum_{k=1}^{n}(y_k-\bar{y})^2}}$$

● スピアマンの順位相関係数 式5

$$\rho=\frac{\frac{1}{n}\left(n\times\frac{n^2-1}{12}-\frac{1}{2}\sum(x_k-y_k)^2\right)}{\frac{n^2-1}{12}}$$

$$=1-\frac{6}{n(n^2-1)}\sum_{k=1}^{n}(x_k-y_k)^2$$

4 相関係数の具体例

実際に、相関係数の計算を行ってみましょう。対象とするデータは、5時限目の冒頭で示した模試の成績と実際の試験成績のデータです。手作業で計算するのは面倒なので、Rで計算してみましょう。

タブ区切り形式で**score.tsv**というファイルにデータが格納されているとします。Rで読み込んで、相関係数を計算します。

Rでは、**cor()**という関数で相関行列を求めることができます。対角成分として1・0という値が現れ、非対角成分として相関係数が現れていることを確かめてみてください。このデータは0・90という相当に高い相関係数が得られています。

cor()関数は、オプションで**method**を指定することができ、ピアソンの積率相関以外の相関係数も求めることができるようになっています。この例では、**method="spearman"**として、スピアマンの順位相関係数も求めています。0・87と多少、値は異なるものの、順位相関としても相当に高い値が得られました。

● R でスピアマンの順位相関係数を計算する

```
> x<-read.table("score.tsv" ,header=T)
> cor(x)
> cor(x,method="spearman")
```

```
> x<-read.table("score.tsv",header=T)
> cor(x)
                  模擬試験の成績 実際の試験の成績
模擬試験の成績         1.0000000        0.9002676
実際の試験の成績       0.9002676        1.0000000
> cor(x,method="spearman")
                  模擬試験の成績 実際の試験の成績
模擬試験の成績         1.0000000        0.8706767
実際の試験の成績       0.8706767        1.0000000
>
```

ここがポイント

- 比例尺度のデータの相関関係を表すのがピアソンの積率相関係数である
- 順序尺度のデータの相関係数を計算する方法をスピアマンの順位相関と呼ぶ

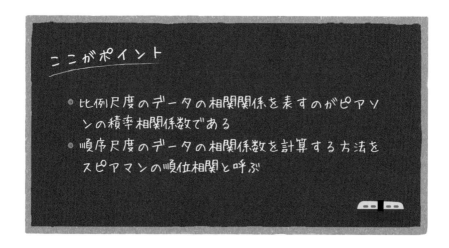

6時限目
その判断は正しいか（検定）

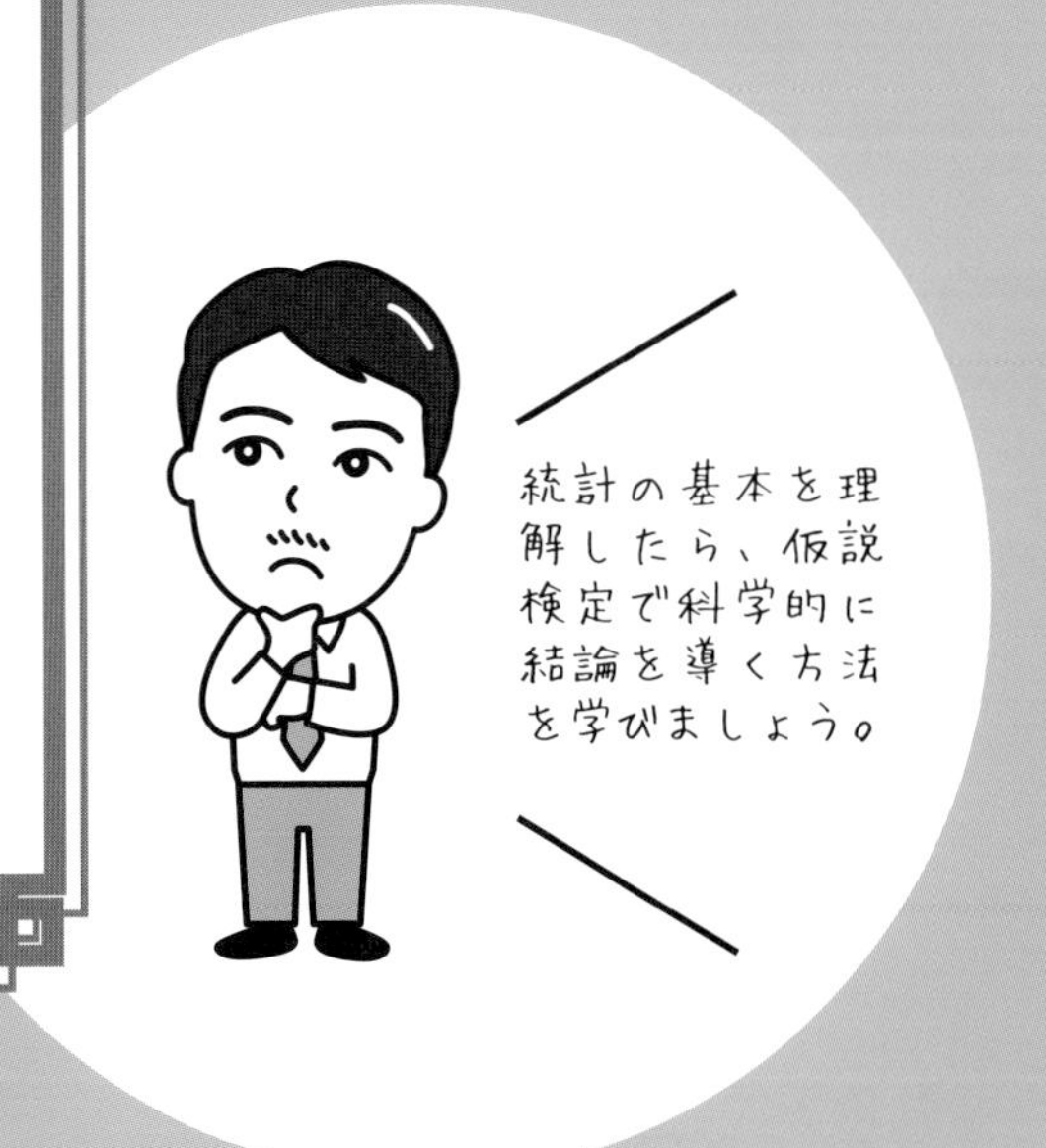
統計の基本を理解したら、仮説検定で科学的に結論を導く方法を学びましょう。

01 仮説を立てて検証する
―仮説検定の考え方

1 帰無仮説と対立仮説、有意水準

5時限目までに、統計の基礎的な考え方や、データを分析する方法などについて学んできました。推測統計では母集団の性質を推定することができ、また、回帰分析や相関分析で全体の傾向を理解することができるようになりました。

6時限目では「**検定**」という考え方について学んでいきます。検定とはざっくり言えば「**最初に仮説を立てて、統計で得られたデータに基づき結論を導く方法**」です。

まずは、根本的な概念である「**帰無仮説**」と「**対立仮説**」「**有意水準**」について、そして仮説検定の根本的な考え方について説明します。

2 仮説とは

「**仮説**」とは、あることを説明するために考えられた仮の説（**仮定**）のことです。仮の説明なので、仮説を立てた段階でその根拠はありません。

しかし、仮説を立てるということは、とても重要な作業です。仮説検証型の研究は、まず、もっともらしい仮説を考えるところから始めます。解決したい問題があり、その問題はこうすれば解決できそうだという仮説を設定することがとても大切です。そして、その仮説をデータで裏付けることで、仮説を確固たる説とするのです。データなどで仮説を裏付けることを「**支持する**」といいます。

新薬の研究の例

例として、新しい薬を作る研究を考えます。ある病気を治す薬が求められています。そしてその薬はこのような構造の有機物から製造すれば、その薬を治すことができるのではないかと考えます。この時点で、この考えは**仮説**でしかありません。

通常、創薬の過程では「治験」という実験を行います。新しい薬を試すことで、その薬が有効かどうか、副作用は生じないかなどについて試します。十分なデータを取り、その薬が効果的であること、副作用も問題ないことなどが検証によって確認されると、その薬は医薬品として認可

● 仮説、検定、支持の例

され実用に供されることになります。

ここではじめて、最初の考えは仮説ではなくなります。数多くの治験データによって仮説は支持されます。それらのデータがその薬が有効であるという説明を支持する根拠となるのです。

3 帰無仮説と対立仮説

統計でも同じように考えて、仮説を検証します。統計ではその作業のことを「**仮説検定**」と呼びます。仮説を立てて、データからその仮定が正しいかどうかを検定します。典型的な仮説検定のパターンは、2つの仮説を設定し、そのどちらがより妥当であるかを考えるというものです。ここでも、具体的な例で考えてみましょう。

母平均の検定

まずは、簡単な例として母平均の検定を考えてみましょう。学生の平均身長を考えてみます。学生を10人、標本としてランダムに抽出します。その集団から計算される標本平均は、母平均と一致しているでしょうか。それとも、ある程度ずれた値になっているでしょうか。

仮説として、推定した母平均の値を仮にμ_0と定めたとします。このとき、1つの仮説を「母平均の値はμ_0である」とします。これを「**帰無仮説**」と呼びます。帰無仮説はH_0と表します。

仮説検定では、もう1つ仮説を設定します。帰無仮説H_0に対立する仮説を考えます。これを「**対立仮説**」と呼びます。この場合、単純に考えて「母平均の値はμ_0ではない」という仮説を設定すれば、対立仮説になります。対立仮説はH_1で表します。

一般的には、帰無仮説は否定されることを前提として立てられます。仮説が支持されずに否定することを「**その仮説を棄却する**」といい、帰無仮説が否定されると対立仮説が成立します。

4 検定の考え方

さて、一般的に日本人男性の平均身長は170㎝強といったところだそうです。したがって、帰無仮説として「**学生の平均身長は170㎝である**」という仮説を立てることにしましょう。対立仮説は、「**学生の平均身長は170㎝ではない**」ですね。

そして、無作為に抽出した10人の男子学生を測って得られた標本平均が175㎝だったとしましょう。これは、一般的な帰無仮説の想定とは少し外れた値ですね。

この事実をどう考えるかがポイントです。また別の10人を連れてきて、彼らの身長を測ったら、今度は標本平均として計算された平均身長が168㎝になるかもしれません。そして3回目は標本平均が180㎝になってしまったなどということがあるかもしれません。

標本平均が母集団を本当に表しているのか、たまたまそうなったのか、それをどのように判定すればよいでしょうか。

5 有意水準：判断の基準

検定では、あらかじめ判断の基準を定めておき、それに合致するか否かで判定します。その仮説が妥当であるかどうかの判断は「帰無仮説を前提としたときにその標本はどのくらいの確率で得られそうなのか」という数値を計算することで行います。これを「**有意水準**」といいます。

一般的には、**その確率を示す数値が有意水準よりも小さな値となったときに、帰無仮説を棄却して対立仮説を支持します**。帰無仮説のもとで、その標本が得られる確率（この確率を「**p値**」もしくは「**p-value**」といいます）がどのくらいなのか、それがとても小さな値であったとしたら、たまたまそうなってしまったということが考えられるでしょう。そのようなときは帰無仮説を棄却して対立仮説を採用します。

有意水準よりも大きな値が得られたときに帰無仮説を支持できるかどうかは、なんともいえません。たまたまそのような標本が得られたのかどうかよくわからない、ということしかいえません。

有意水準の値

また、一般的に有意水準としては5％（0・05）という数値を用いることが多いようです。厳密に判定したいときは1％水準、0・01という値を用いることもあります。

もっとも、５%水準というのはかなり緩い基準でもあるともいえます。なぜならば、確率が０・０５であるということは、20回に1回は、たまたまそういうことが起こり得る、と解釈することもできるからです。

検定は、このくらいの判断基準だとこう言える、ということを教えてくれるにすぎず、絶対の解を与えてくれるものではないということには、常に注意しておかないといけません。

ここがポイント

- 仮説を検証する作業を「仮説検定」と呼ぶ
- 最初に「帰無仮説」とそれに対立する「対立仮説」を立てる
- 有意水準で仮説を判定する

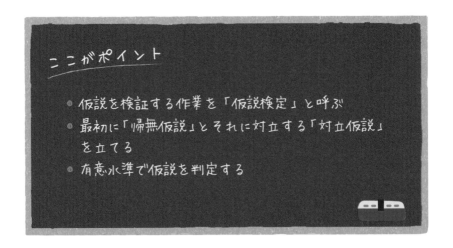

02 工場の品質検査にも利用
―母平均の検定（t 検定）

1 検定統計量と棄却域、両側検定と片側検定

標本平均のデータからそれが妥当であるかどうかの検定を行います。具体的には、帰無仮説として母平均の平均値を推定し、検定統計量を求めてそれが妥当かどうか、支持できるか棄却すべきかを考えます。仮説を棄却するか否かの値の範囲を「**棄却域**」といい、両側検定と片側検定の違いがあることについても説明します。

2 検定統計量

前節の平均身長を考える検定の続きです。得られたデータから「**検定統計量**」という値を求めます。検定統計量とは、その標本から計算される標本の性質を表した変数の値です。

検定統計量には、データの種類や性質、どのような仮説を設定しているのかなど状況に応じて使い分けられるさまざまなものがあります。ここでは「**t 検定**」と呼ばれる検定を行うので、統計量 t という検定統計量を利用します。統計量 t は t 値と呼ばれることもあります。t 検定は工場の品質管理や新薬の効果測定にも利用されます。

統計量 t の値を計算し、その値をとる確率が有意水準と比較して大きいか小さいかを判定します。小さければ帰無仮説は棄却され、対立仮説が支持されることになります。

統計量 t は下の式の値で計算されます。$n, s^2, \bar{x}, \mu$ はそれぞれサンプルサイズ、不偏分散、標本平均、母平均です。

なお、t 検定は、調査対象の母集団が正規分布に従っていることを前提条件にします。ただし、自然現象や社会現象の多くは正規分布に従うとの前提を置いても構わないもののため、しばしば利用される検定方法です。

3 棄却域、両側検定と片側検定

統計量 t は、サンプルサイズが n の場合、自由度 $n-1$ の t 分布という分布に従います。式を見れば、標本平均が母平均からどれだけ乖離しているか、

● **統計量 t の計算**

$$t = \frac{\bar{x} - \mu}{\sqrt{\frac{s^2}{n}}}$$

そしてその差を不偏分散とサンプルサイズで標準化した値になっていることがわかるでしょう。したがって、あまりに乖離しているようなケースは「なかなか起こり得ない」と判断できます。

そこで、有意水準の出番です。0を中心として、外側に外れている部分の割合を有意水準で設定します。もし、統計量 t を計算して、その外れエリアに入ってしまったら、それは帰無仮説を棄却すべき事態ということです。そのような領域のことを「**棄却域**」といいます（次ページ図）。

両側検定と片側検定

なお、検定には「**両側検定**」と「**片側検定**」のいずれとするかを事前に決定しておかねばなりません。次ページの図では、両側検定の例と片側検定の例を示しました。両側検定では両端に棄却域が、片側検定では片方だけに棄却域が設定されています。

平均値よりどれだけ外れているかが問われる場合には両側検定が用いられます。上下に外れているかどうかに意味があるからです。**その値の上限を超えているか**に着目したいときは片側検定が適切でしょう。もちろん、下限を下回っているかどうかに興味があるときは、棄却域を下限（グラフの左側に棄却域を設定）に設定した片側検定が適切です。

4 具体例

さて、平均身長のケースで具体的に計算してみましょう。

● 両側検定と片側検定

両側検定

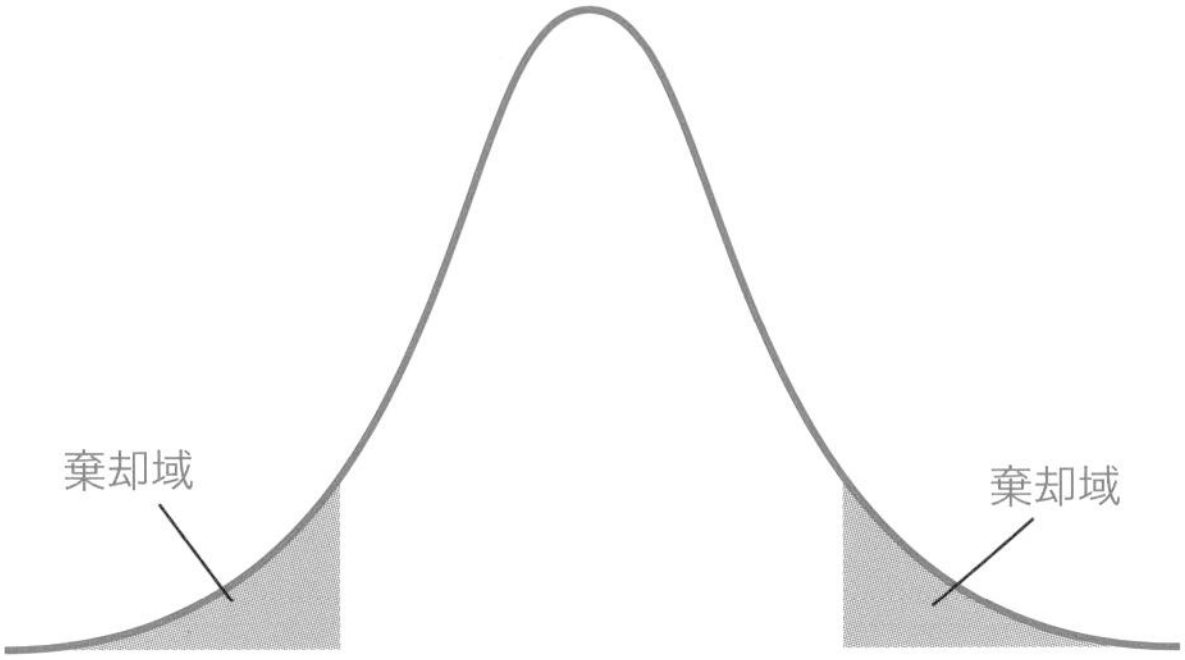

片側検定（上限を超えているか）

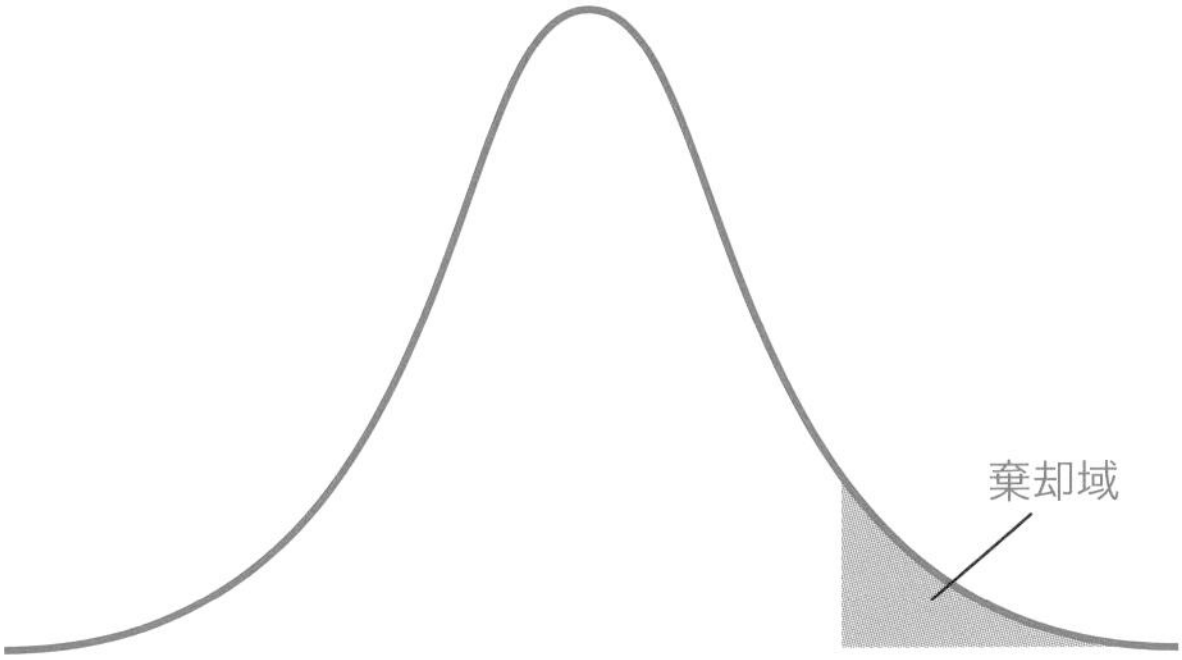

片側検定（下限を下回っているか）

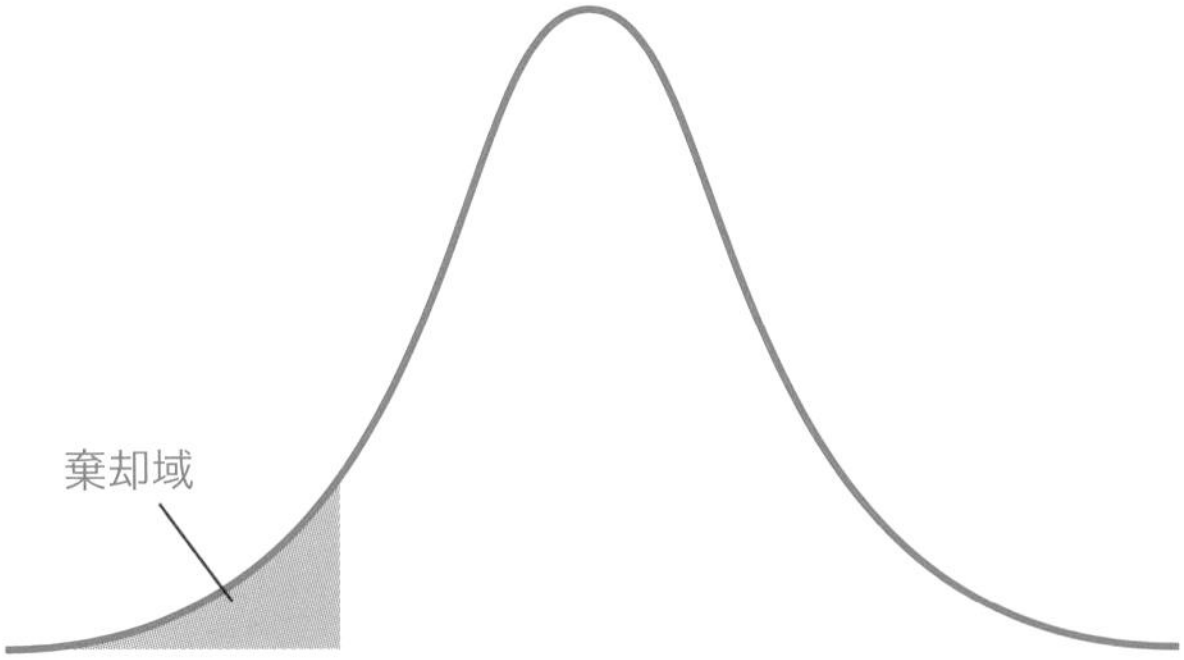

次の表は、ランダムサンプリングで抽出した学生の身長データです。このデータを使って計算してみます。

計算はRで行ってみましょう（次ページの図）。変数**heights**に上のデータを並べます。**t.test()**関数を使うとt検定の計算をしてくれます。

t値は3・3541と計算されました。サンプルサイズが10個なので、自由度9のt分布に従います。そして、帰無仮説のもとでその標本が得られる確率であるp値は0・008と極端に小さな値となりました。

したがって「学生の平均身長は170㎝である」という帰無仮説は棄却され、「学生の平均身長は170㎝ではない」という対立仮説が支持されるという結果になりました。実際、標本から推定される母平均の95％信頼区間は171・6から178・4ということが示されており、仮定した170㎝はその区間から外れています。

● 平均身長のデータ

	身長（cm）
1	175
2	179
3	178
4	171
5	165
6	177
7	174
8	173
9	176
10	182

● Rで計算を実行する

```
> heights<-c(175,179,178,171,165,177,174,173,176,182)
> t.test(heights,mu=170.0)
```

1st_draft — R — 58×16

```
> heights<-c(175,179,178,171,165,177,174,173,176,182)
> t.test(heights,mu=170.0)

        One Sample t-test

data:  heights
t = 3.3541, df = 9, p-value = 0.008468
alternative hypothesis: true mean is not equal to 170
95 percent confidence interval:
 171.6278 178.3722
sample estimates:
mean of x
      175

> 
```

ここがポイント

- ある標本から計算される、標本の性質を表した変数を検定統計量という
- 0を中心として有意水準から外側に外れる領域を棄却域という。両側検定には両側に棄却域が設定され、片側検定には片側に棄却域が設定されている

03 2つのデータ群に違いはあるか
―2標本の検定

1 2つの標本は同じ性質か否か

前節までは、与えられた標本が母集団の性質を満たしているかどうかの検定を行いました。次は、**2つの標本が同じ性質を持っているか**どうかを確かめてみましょう。

このような検定はよく使われます。「2標本は統計的に同じである」という帰無仮説を立てて検定します。帰無仮説が棄却されたときには「**有意差がある**」つまり**統計的に意味がある違いがある**と判断できます。

2 2標本の検定

2つのデータが得られたときに「それらに違いがあるのか（ないのか）」ということを確かめた

いという状況には、しばしば出会います。典型的なものとしては「**実験群**」と「**統制群**」で比較するというケースです。

実験群と統制群

実験群と**統制群**とは、2つのグループに分けて実験を行うときのグループ分けのことです。ある操作の効果を調べたいときに、実験群に対してはその操作を加えたうえで標本を取ります。一方の統制群にはその操作を与えないで標本を取ります。2つの標本に違いがあれば、その操作は（良いか悪いかは別として）何らかの効果があったと主張することができるでしょう。

新薬の効果を検証する状況がわかりやすいでしょう。まず、母集団としてできるだけ条件が揃った被験者を考え、その被験者のグループを実験群と統制群の2つに分けます。実験群には新薬を投与、統制群には与えません（一般的に

● 実践群と統制群

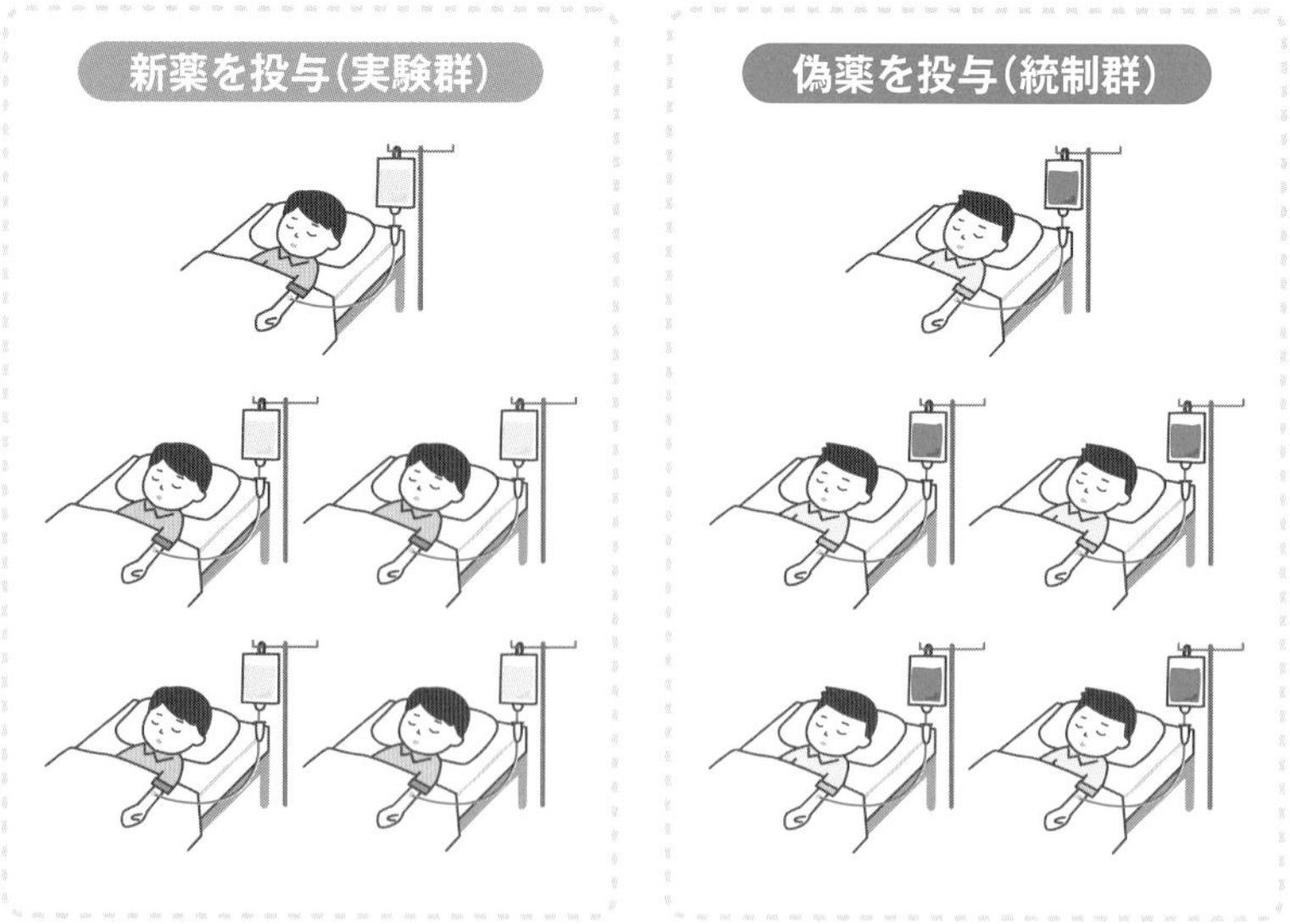

は、新薬のプラシーボ効果を排除するため、偽薬という効果のない薬を投与します）。その他の条件はできるだけ両者等しい条件に揃えます。

一定の期間、新薬を投与する実験を終えたあと、薬の効果を計測します。実験群と統制群で、その数値に何らかの差が出ていたら、新薬に効果があったと主張することができます。そこで重要になるのが、その差が**「統計的に検定して有意な差であるかどうか」**です。

3 対応のあるデータの場合

2標本の検定は、それぞれの標本に対応がある場合と対応がない場合で分けて考えます。まず、対応がある場合から考えてみましょう。

対応があるデータとは、それぞれの標本に何らかの対応関係が認められるようなケースです。先の治験の例で、**実験群と統制群を構成する被験者が同じ人達だった**というような例を考えてみましょう。

数名から数十名の被験者が、ある月の前半の生活を統制群として生活し、同じ被験者たちが月の後半は実験群として生活する、といった状況です。同じ被験者が統制群としても実験群としても生活するため、両方のグループにはそれぞれ「同じ被験者」という対応関係を考えることができるでしょう。

このようなケースで「血圧を下げる新薬の実験をした」と仮定するとどうなるでしょうか。実は、このようなケースはここまでに説明した1標本の検定に帰着させることができます。

対応関係があるのであれば、対応するそれぞれのデータの差を考えることができますね。もし、対応関係のある2標本に何らかの有意な差があるのであれば、その差の平均値は0以外になるはずです。もし差が見い出せない状況であれば、差は0です。すなわち、帰無仮説として「対応関係の差の平均値は0である」という仮説を設定すれば、1標本の検定に帰着します。

4 対応関係のないデータの場合

対応関係のない場合は差を考えることができません。A組とB組の成績を考えたときに、仮に人数が同じだったとしても、出席番号ごとに差をとるような乱暴なことをしてはいけません。

対応関係のない場合、データの性質によって使う検定の方法が変わります。まずは母集団の分布として正規分布が仮定できるような場合です。

さらに、2つの標本の分散を等しいと仮定してよいかによって、用いる検定方法が変わります。分散が等しいと仮定できたときは、「***t* 検定**」で検定します。平均値が等しいという帰無仮説を設定し、有意差があればその帰無仮説が棄却されるというやり方は、これまでどおりです。

標本の分散が等しいとは言い難いときは「**Welchの検定**」と呼ばれる手法を用います。等分散性を仮定してよいかを検定することもでき、分散が等しいかどうかを検定する場合には「*F* 検定」と呼ばれる手法を用いて確認します。

さらに、正規分散も仮定できないけれども分布の形は同じであろうという場合は「**Wilcoxonの検定**」と呼ばれる手法で検定します。

5 具体例

下の表は、A組とC組の英語の成績です。A組の平均点は54・5点、C組の平均点は72・2点でした。平均点からすると、A組とC組の学力には差がありそうにも思えます。

帰無仮説としては平均値が同じ、すなわち「2つのクラスの学力に差はない」という仮説を採用すればよさそうです。対立仮説は、「2つのクラスの学力に差がある」、すなわち、C組はA組より優秀である、というものですね。

Rを用いて検定してみましょう。A組とC組のデータは**score.dat**というファイルにタブ区切りで格納されているものとします。

● **A組とC組の英語の成績（score.dat）**

出席番号	A組（点）	C組（点）
1	23	75
2	67	92
3	55	55
4	98	88
5	45	90
6	28	93
7	10	77
8	74	45
9	55	82
10	64	56
11	63	69
12	23	35
13	47	81
14	87	90
15	82	82
16	90	63
17	13	49
18	43	65
19	54	72
20	68	85
平均点	54.5	72.2

まず、等分散性の検定をしてみます。**var.test()**関数を用いてF値を求めます。F値の値は2・2593と出ました（下図）。少し大きめではありますが、なんとか95％信頼区間に入っています。p値を見ても、5％水準で棄却されるまでには至りませんでした。

そこで、分散が等しいことを仮定したt検定を行います（次ページ上図）。**t.test()**関数で、2つのデータを比べます。オプションとして**var.equal=TRUE**を指定し、等分散の仮定のもとでt検定を行うことを指定しました。

今回はt値が信頼区間を外れています。5％水準で棄却される小さなp値が得られました。

したがって成績が同じであるという帰無仮説は棄却されたので、A組とC組では有意に成績の差があるといってよいでしょう。

● Rを用いて検定する

```
> x<-read.table("score.dat",header=T,sep="\t") ↵
> x[0:5,] ↵
> var.test(x$A組, x$C組) ↵
```

```
> x<-read.table("score.dat",header=T, sep="\t")
> x[0:5,]
  A組 C組
1  23  75
2  67  92
3  55  55
4  98  88
5  45  90
> var.test(x$A組,x$C組)

	F test to compare two variances

data:  x$A組 and x$C組
F = 2.2593, num df = 19, denom df = 19, p-value = 0.08361
alternative hypothesis: true ratio of variances is not equal to 1
95 percent confidence interval:
 0.8942752 5.7081180
sample estimates:
ratio of variances
          2.259343

> 
```

● Rでt検定を行った

```
> t.test(x$A組, x$C組, var.equal=TRUE)
```

```
> t.test(x$A組 , x$C組 , var.equal=TRUE)

        Two Sample t-test

data:  x$A組  and x$C組
t = -2.5751, df = 38, p-value = 0.01404
alternative hypothesis: true difference in means is not equal to 0
95 percent confidence interval:
 -31.703778  -3.796222
sample estimates:
mean of x mean of y
    54.45     72.20

>
```

ここがポイント

- 2標本の検定では、実験群と統制群で違いがあるかを調べるケースが多い
- 比較する標本に対応がある場合は1標本の検定に帰着できる。対応関係がないデータの場合は、データの性質によって用いる検定方法が異なる

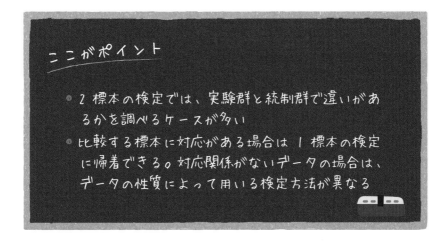

04

偶然珍しいデータに当たったかを判断
—有意水準と検出力

1 第1種の過誤と第2種の過誤が起こり得る

「**有意水準**」は、帰無仮説を棄却するかどうかを判定する指標として使うものと説明しました。p値と有意水準を比較して、帰無仮説を棄却してよいかどうかを判断します。

しかし、本当に稀なことが起こったとしたらどうでしょう。その点を正しく理解するとともに、対応する概念として「**検出力**」についても説明します。いずれにしても、確率的に判断しているということの理解が重要です。

2 帰無仮説の棄却

p値の意味をもう一度確認しておきましょう。p値とは、帰無仮説を前提としたときに、統計検定量がその値となること、ひらたくいえば**「帰無仮説が正しかった場合に、そのデータが観測されるという事象が起こる確率を表す値」**です。

有意水準をあらかじめ設定しておき、それよりもp値が小さい値になったときは、帰無仮説を棄却して対立仮説を支持します。つまり、有意水準よりも低いp値が得られたということは、「それが起こったのは極めて稀な出来事であり、帰無仮説を前提としたことが誤りであろう、だから棄却すべき」という考え方によっています。

有意水準の値はαで表されます。有意水準は通常、5％（$\alpha=0.05$）とか1％（$\alpha=0.01$）とか、とても小さな値を設定します。とても小さな値よりもさらに小さい可能性は否定すべきであろうという考え方ですね。

● p値が棄却域に入るのは極めて稀な出来事

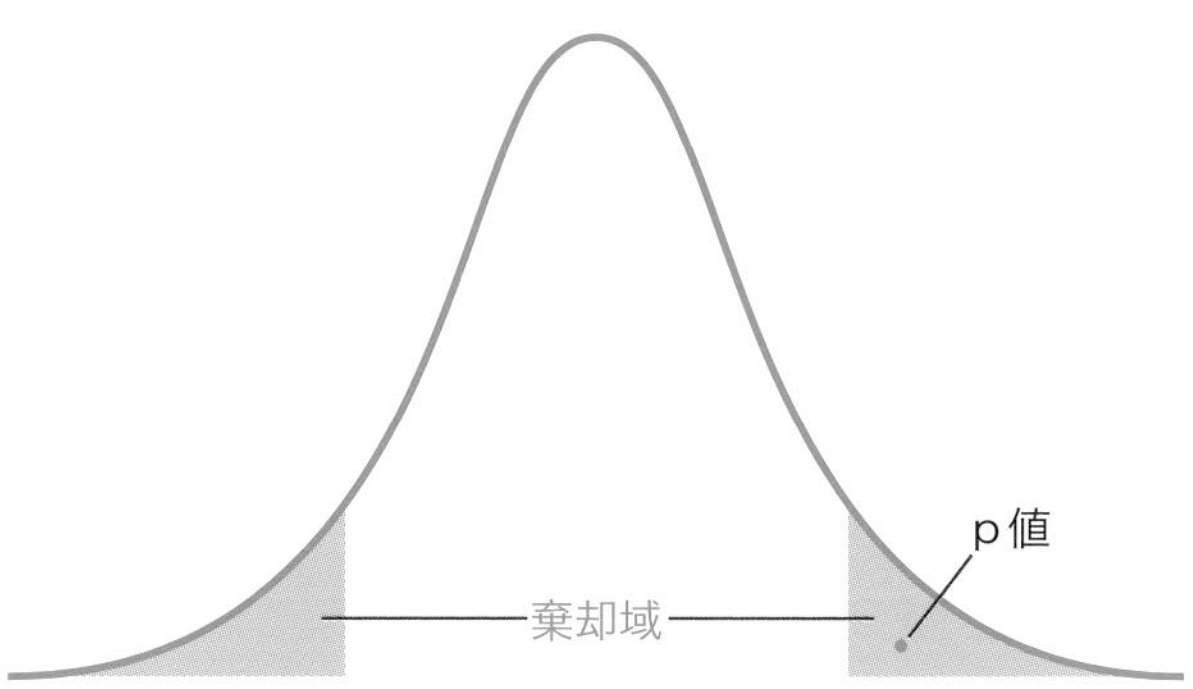

3 第1種の過誤

6時限目01の最後で説明したように、「有意水準5％」というのは厳しい基準に見えて、実はそうでもないということがわかります。というのも、発生確率が5％ということは、20分の1、すなわち、20回に1回は起こるかもしれないという程度の確率です。

もし、検討対象のデータが、その「20回に1回の珍しさで発生した出来事」だったとしたら、どうでしょうか。その標本は本当に帰無仮説のもとで得られたものであり、帰無仮説が本当は正しい状況であった……とも考えられないでしょうか。

たまたま「珍しいデータ」に当たってしまった場合

検定の考え方によれば、p値が有意水準を下回ったときは帰無仮説が棄却されます。しかし、小さな確率ではあっても、たまたま得られてしまった標本に基づいて検定した結果として、帰無仮説を間違いだと結論付けてしまったとしたら、どうでしょうか。

そのような状況は、本来正しいはずの帰無仮説が、偶然珍しいデータが出てしまったために棄却されてしまった、すなわち、「間違った判断がなされた」と考えられます。本来正しい帰無仮説を、ごく稀に生じた外れ値（つぽい標本）に基づいて判定することで棄却してしまうような誤り、このような状況のことを**第1種の過誤**（**type I error**）と呼びます。

4 第2種の過誤と検出力

有意水準αは、第1種の過誤を犯してしまう確率を表すと解釈できます。第1種の過誤は「正しい帰無仮説を棄却してしまう誤り」のことでした。では逆に「**正しくない帰無仮説を棄却しない誤り**」も考える必要があるのではないでしょうか。これは「**正しい対立仮説を棄却してしまう誤り**」と言い換えることもできます。

このような、対立仮説が正しいときに帰無仮説を棄却しない誤りのことを**第2種の過誤（type II error）**と呼びます。その確率をβで表します。

有意水準と対する値「検出力」

βが得られたときに$1-\beta$を考えます。βが正しい対立仮説を棄却してしまう誤りなので、$1-\beta$は**正しい対立仮説を棄却しない確率**ということになります。言い換えれば「**正しくない帰無仮説をきちんと棄却する確率**」です。この値は**有意水準と対するもの**として扱われる数値で「**検出力**」といいます。

5 偽陽性と偽陰性

第1種の過誤は、本来支持されるべき帰無仮説を棄却し、対立仮説を支持してしまう過誤です。帰無仮説が何もないという前提だとすると、何かあるという対立仮説を誤って採用してしまうような誤りです。したがって**偽陽性**（**false positive, FP**）と呼ばれることもあります。

一方の第2種の過誤は、本来支持されるべき対立仮説を棄却してしまう誤りです。本来、何かある（陽性である）状態でなければならないところを見過ごしてしまうような誤りといえます。そのような誤りのことを**偽陰性**（**false negative, FN**）と呼ぶことがあります。

ある病気の疑いがある患者からデータを取得して検定を行い、病気に罹患している（陽性）か罹患していない（陰性）かどうかを判定するケースを考え

● **病気の検定を行ったケース**

		実際の状態	
		罹患している	罹患していない
判定結果	対立仮説（陽性）	真陽性 true positive, TP	偽陽性（第２種の過誤） false positive, FP
	帰無仮説（陰性）	偽陰性（第１種の過誤） false negative, FN	真陰性 true negative, TN

ます。帰無仮説は「罹患していない（陰性である）」であり、対立仮説は「罹患している（陽性である）」ということになります。

実際に罹患しているかいないかは神のみぞ知る真実です。人間は、得られたデータから判断して帰無仮説を支持するか、対立仮説を支持するかのいずれかしかできません。実際には罹患していないのに帰無仮説を棄却してしまう状況が第1種の過誤（偽陽性）であり、実際には罹患しているのに帰無仮説を支持してしまう状況が第2種の過誤（偽陰性）です。その状況を前ページの表にまとめてみました。

6 過誤が生じる理由

検定のような統計の考え方が、「確率」の概念に立脚して構築されている以上、第1種の過誤や第2種の過誤を完全に回避することはできません。

下の図は、2つの分布が描かれています。ある標

● 帰無仮説、対立仮説のいずれの棄却域に入るケース

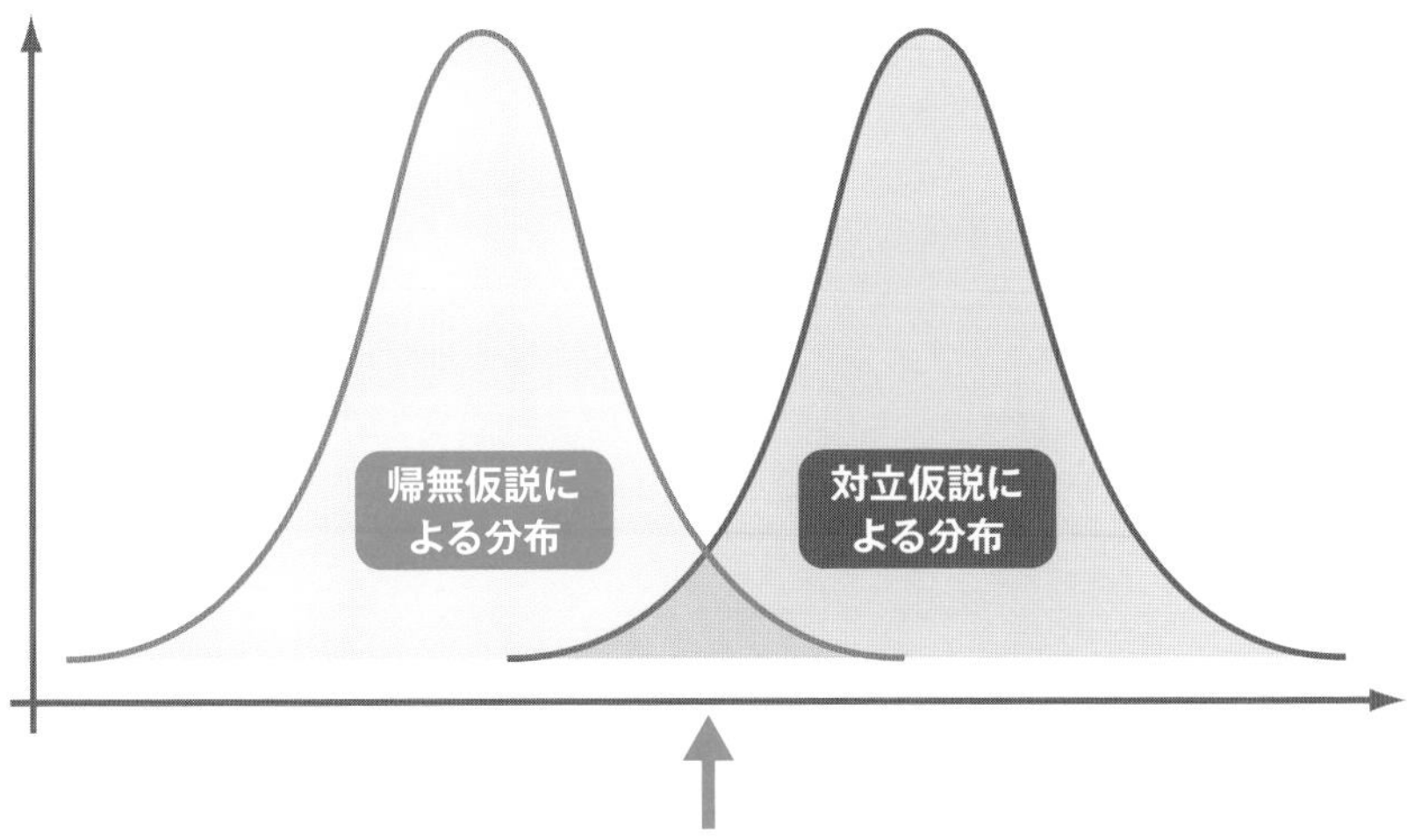

本から得られる値、例えばその標本から計算された標本平均が、真ん中の矢印付近だったとしたらどうでしょうか。

左側が帰無仮説による分布、右側が対立仮説による分布だとしましょう。実際には左側の分布に従う標本だったとしても、外れ値であることを重視して有意水準を緩めにとるとすれば、帰無仮説を棄却して第1種の過誤として扱われることになります。あるいは実際には右側の分布に従う標本だったとしたらどうでしょうか。今度は第2種の過誤が発生してしまう可能性がありますね。

このように、確率分布に従うということに基づいて考えている以上は、第1種の過誤や第2種の過誤を完全に排除することはできないのです。

ここがポイント

- 外れデータに当たってしまって帰無仮説を棄却することを「第1種の過誤」、正しい対立仮説を棄却することを「第2種の過誤」と呼ぶ
- 確率分布に従う以上、第1種の過誤や第2種の過誤は完全には排除できない

05 アンケート分析でもおなじみ ―その他の検定

1 アンケート分析でよく使う独立性の検定

検定に関する話の最後に、アンケートの分析などでよく利用する**独立性の検定**を紹介しましょう。カイ二乗分布を用いるため**カイ二乗検定**とも呼ばれる検定で、いくつかの項目が割合で提示されているときに、その割合に見られる違いは意味のあるものかどうかを検定するものです。世代や性別ごとに何か（例えば血液型など）を調査したときに、それぞれの割合に関連性があるかどうかを判断するための検定です。

2 関連性の有無は？

商品やサービスをマーケティングするときに「ターゲットを定める」ことはしばしば行われま

す。若い女性向け、中年男性向け、主婦層、シニア向けなど、対象を定めて製品開発を行うことがよくあります。子どもからお年寄りまで万人に受ける商品やサービスを作るのは簡単ではありません。

ターゲット層をしぼるためのアンケート調査

この際、最初の段階では十分にターゲットを絞れないことがあるかもしれません。そこで試作品を作り、対象者の属性を区切ってアンケートを取ってみました。簡単のために、対象者のグループは、ヤング層とシニア層、2つのグループに分けることにします。30代までをヤング層、40代以降をシニア層ということにしましょうか。そして、試作品については「買いたい」「買いたくない」「どちらでもない」の3つの選択肢を用意することにします。

アンケートの結果は、下の表のようになりました。はたして、それぞれのグループで、統計的に有意な違いが

● 新商品のターゲット層を絞り込むためのアンケート調査結果

属性	買いたい	買いたくない	どちらでもない	計
ヤング層	55	32	18	105
シニア層	28	39	20	87
計	83	71	38	192

見られるといってよいでしょうか。それを調べる検定が「**独立性の検定**」あるいは「**カイ二乗検定**」と呼ばれる検定です。

3 仮説と有意水準の設定

まず、仮説を立てましょう。帰無仮説H_0は、対象者の違いとその製品に対する興味の度合いは関係ない、つまり「**その製品を買いたいか買いたくないかはヤングなのかシニアなのかによらない（独立である）**」とします。したがって、対立仮説H_1は「**対象者の違いと製品に対する興味の度合いには関連がある（独立ではない）**」というものになります。

有意水準は5％としておきましょう。カイ二乗検定では、検定統計量となるカイ二乗値（X^2）が、どれだけ外れているかによって仮説を棄却するか否かを判断します。有意水準5％ということは、その検定統計量がカイ二乗分布の95％に含まれないかどうかを判定し、もしその95％を外れて棄却域に入っているようであれば、帰無仮説を棄却します。

4 検定統計量の計算

検定統計量のカイ二乗値（X^2）を計算しましょう。この値は、理論値からどれだけ外れているかを示す値です。帰無仮説に従い、ヤングとシニアで同様にその製品に対する興味があるのであれば「買いたい」「買いたくない」「どちらでもない」という選択肢の分布は、総計（次ページの上表で一番下の行）における割合で示される値になるはずです。

理論値は本ページ上の表のようになりました。念のため、一番下の行には割合をパーセンテージで示しています。

次に、理論値から実測値の差分を計算し、その二乗を理論値で割った数値を計算します。実際に計算すると、本ページ下の表のようになるでしょう。

この値をすべて足し合わせたものがカイ二乗値です。理論値からの外れ具合の総和です。もし、帰無仮説が正しくなく、対立仮説のように何らかの関係性があるのであれば、それぞれの差分は大きく外れることになるでしょう。二乗の計算をしているので、相殺して0になることも

● 各層の理論値と総計（割合）

属性	買いたい	買いたくない	どちらでもない	計
ヤング層	45.4	38.8	20.8	105
シニア層	37.6	32.2	17.2	87
計	83(43%)	71(37%)	38(20%)	192(100%)

● カイ二乗値を計算

属性	買いたい	買いたくない	どちらでもない
ヤング層	$(45.4-55)^2/45.4$	$(38.8-32)^2/38.8$	$(20.8-18)^2/20.8$
シニア層	$(37.6-28)^2/37.6$	$(32.2-39)^2/32.2$	$(17.2-20)^2/17.2$

ありません。実測値が理論値から外れるほど、統計検定量は大きくなります。

このようにして、m行×n列の集計表に対してカイ二乗値（X^2）が計算されます。この値が従う分布は、自由度（m-1）×（n-1）のカイ二乗分布です。この例の場合は、自由度2のカイ二乗分布に従うとして、帰無仮説を棄却するかどうかを判定します。

5 計算の例

実際にRを用いて計算してみます。次ページ上のタブ区切りテキストデータを「**data.csv**」というファイルに保存します。

Rには、**chisq.test()**という関数が用意されています。この関数を用いてカイ二乗検定を行ってみましょう。

カイ二乗値の値は7.961と計算されました。自由度2のカイ二乗分布に従い、p値は0.01868と出ています。したがって、有意水準5％のもとで、帰無仮説は棄却されることになりました。すなわち、このアンケート結果から読み取ることができる「新製品はヤング層には受けるけれどもシニア層にはそうでもない」という結果は、統計的に有意であるということができます。若い人たちに絞って販売戦略を立てていくのがよさそうです。

● data.csv

```
買いたい，買いたくない，どちらでもない
55，32，18
28，39，20
```

● R を使ってカイ二乗検定を行う

```
> x<-read.csv("data.csv", header=T)
> x
> chisq.test(x)
```

```
> x<-read.csv('data.csv',header=T)
> x
  買いたい 買いたくない どちらでもない
1       55           32             18
2       28           39             20
> chisq.test(x)

        Pearson's Chi-squared test

data:  x
X-squared = 7.961, df = 2, p-value = 0.01868

> 
```

ここがポイント

- 独立性の検定を用いると、いくつかの項目が割合で提示されているときに、その割合に見られる違いに意味があるかを調べられる
- 独立性の検定にはカイ二乗分布を用いる

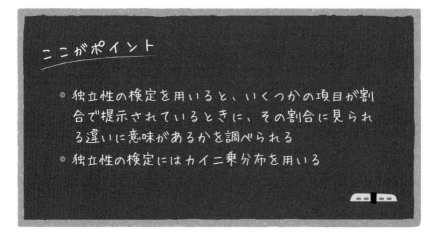

おわりに

本書では、そもそもの統計の概念や応用分野の紹介から始めて、記述統計、統計の基礎となる確率の考え方、推測統計、相関、検定と、統計学の基礎としてとりあえず知っておくべき考え方について、ひととおりの解説を試みました。本書を読み終えて不満が残るようであれば、本格的な統計学の学習に必要な知識は十分に身についたといえるでしょう。

複雑な数式はなるべく避けて説明することを試みたので、特に検定の解説では、数式による原理的な説明を極力排除しました。本書で紹介したさまざまな考え方の根本的な理屈を知りたい皆さんは、次のステップに進んでください。さまざまな概念の基本的な原理を、数式できちんと示している優れた教科書はたくさん出版されています。

本書で紹介した概念を実際のデータに適用してみようという場合にも、注意が必要です。実社会で得られるデータはさまざまな状況から生み出されるものなので、本書で説明したような単純なケースに当てはまるとは限りません。状況がうまく当てはまればそのまま適用しても構いませんが、本当にそれでよいのかな？　と立ち止まって考えることも大切です。実際に、意図してなのか意図せずなのかを問わず、不適切な統計の使われ方をしばしば目にします。

特に最後に紹介した検定に関しては、本書で紹介した手法以外にも多数の手法が考え出され、使われています。それらの手法をすべて学ぶ必要はありませんが、問題やデータの種類に応じて適切な手法を選択できるようになることが重要です。なにしろ計算自体はコンピュータに任せてしまって問題ないのだから、適切な手法を選び、適切なパラメータを指定できればよいのです。そして、結果を適切に解釈できることも大切です。「統計ソフトがこういってました」とソフトウェアの出力を示すだけでは説明が不十分です。

いずれにしても、本書を最後まで読んで理解した皆さんであれば、少なくとも、社会に蔓延《はびこ》るさまざまな嘘を見抜けるようになっているはずです。ぜひ、日常生活におけるさまざまな数字を統計学の視点で吟味して、豊かな生活を送る糧にしてください。

飯尾 淳

サポートページについて

書籍発刊後に判明した間違いや修正点、補足情報などを提供するサポートページを用意しています。また、本書で紹介している一部のプログラムファイルなどもサポートページからダウンロードできます。

詳細につきましては、ソーテック社のホームページから本書のサポートページをご覧ください。

サポートページ
http://www.sotechsha.co.jp/sp/2089/

パスワード
20statistics89

※ダウンロード提供するファイルは、パスワード付きZipで提供しています。展開にはパスワード付きZipに対応した展開ソフトと、上記パスワードの入力が必要です。パスワードは半角英数字です。展開の際には正確に入力してください。

提供ファイルについて

◆本書に記載されている解説およびサンプルファイルを使用した結果について、筆者および株式会社ソーテック社は一切の責任を負いません。個人の責任の範囲内にてご使用ください。また、本書の制作にあたり、正確な記述に努めていますが、内容に誤りや不正確な記述がある場合も、当社は一切責任を負いません。

◆本書に記載されている解説およびサンプルファイルの内容は、本書の内容を理解するために作られたものです。データの内容は架空のものであり、特定の企業や人物、商品やサービスを想起させるものではありません。

世界一《せかいいち》やさしい 統計学の教科書《きょうかしょ》 1年生《ねんせい》

2021年6月30日　初版第1刷発行

著　者　飯尾淳
発行人　柳澤淳一
編集人　久保田賢二
発行所　株式会社　ソーテック社
〒102-0072 東京都千代田区飯田橋 4-9-5　スギタビル 4F
電話：注文専用　03-3262-5320
FAX：　　　　　03-3262-5326
印刷所　図書印刷株式会社

ISBN978-4-8007-2089-4